O inconsciente

O inconsciente
Luciana Chaui-Berlinck

FILOSOFIAS: O PRAZER DO PENSAR
Coleção dirigida por
Marilena Chaui e Juvenal Savian Filho

wmf **martinsfontes**
São Paulo 2014

*Copyright © 2014, Editora WMF Martins Fontes Ltda.,
São Paulo, para a presente edição.*

1ª edição 2014

Edição de texto
Juvenal Savian Filho
Acompanhamento editorial
Helena Guimarães Bittencourt
Revisões gráficas
Letícia Castello Branco Braun
Solange Martins
Edição de arte
Katia Harumi Terasaka
Produção gráfica
Geraldo Alves
Paginação
Moacir Katsumi Matsusaki

Dados Internacionais de Catalogação na Publicação (CIP)
(Câmara Brasileira do Livro, SP, Brasil)

Chaui-Berlinck, Luciana
  O inconsciente / Luciana Chaui-Berlinck. – São Paulo : Editora
WMF Martins Fontes, 2014. – (Filosofias : o prazer do pensar /
dirigida por Marilena Chaui e Juvenal Savian Filho)

  Bibliografia
  ISBN 978-85-7827-795-6

  1. Inconsciente (Psicologia) 2. Psicanálise 3. Psicologia I. Chaui,
Marilena. II. Savian Filho, Juvenal. III. Título. IV. Série.

13-13783   CDD-150.1952

Índices para catálogo sistemático:
1. Noção freudiana de inconsciente : Filosofia :
Psicologia   150.1952

Todos os direitos desta edição reservados à
Editora WMF Martins Fontes Ltda.
*Rua Prof. Laerte Ramos de Carvalho, 133 01325.030 São Paulo SP Brasil
Tel. (11) 3293.8150 Fax (11) 3101.1042
e-mail: info@wmfmartinsfontes.com.br http://www.wmfmartinsfontes.com.br*

SUMÁRIO

Apresentação • 7
Introdução • 9

1 Consciência e inconsciência • 13
2 Freud e a Psicanálise • 24
3 Freud e *A interpretação dos sonhos*, de 1900 • 37
4 Freud e o ensaio *O inconsciente*, de 1915 • 49
5 Críticas à noção freudiana de inconsciente • 71
6 Conclusão • 77

Ouvindo os textos • 79
Exercitando a reflexão • 99
Dicas de viagem • 103
Leituras recomendadas • 107

APRESENTAÇÃO
Marilena Chaui e Juvenal Savian Filho

O exercício do pensamento é algo muito prazeroso, e é com essa convicção que convidamos você a viajar conosco pelas reflexões de cada um dos volumes da coleção *Filosofias: o prazer do pensar*.

Atualmente, fala-se sempre que os exercícios físicos dão muito prazer. Quando o corpo está bem treinado, ele não apenas se sente bem com os exercícios, mas tem necessidade de continuar a repeti-los sempre. Nossa experiência é a mesma com o pensamento: uma vez habituados a refletir, nossa mente tem prazer em exercitar-se e quer expandir-se sempre mais. E com a vantagem de que o pensamento não é apenas uma atividade mental, mas envolve também o corpo. É o ser humano inteiro que reflete e tem o prazer do pensamento!

Essa é a experiência que desejamos partilhar com nossos leitores. Cada um dos volumes desta coleção foi concebido para auxiliá-lo a exercitar o seu pensar. Os temas foram cuidadosamente selecionados para abordar os tópicos mais importantes da reflexão filosófica atual, sempre conectados com a história do pensamento.

Assim, a coleção destina-se tanto àqueles que desejam iniciar-se nos caminhos das diferentes filosofias como àqueles que já estão habituados a eles e querem continuar o exercício da reflexão. E falamos de "filosofias", no plural, pois não há apenas uma forma de pensamento. Pelo contrário, há um caleidoscópio de cores filosóficas muito diferentes e intensas.

Ao mesmo tempo, esses volumes são também um material rico para o uso de professores e estudantes de Filosofia, pois estão inteiramente de acordo com as orientações curriculares do Ministério da Educação para o Ensino Médio e com as expectativas dos cursos básicos de Filosofia para as faculdades brasileiras. Os autores são especialistas reconhecidos em suas áreas, criativos e perspicazes, inteiramente preparados para os objetivos dessa viagem pelo país multifacetado das filosofias.

Seja bem-vindo e boa viagem!

INTRODUÇÃO
"Freud explica!"

Ninguém duvida de suas vontades e de seus desejos. Todos sabemos o que queremos ou, pelo menos, acreditamos saber e, se ainda não sabemos, acreditamos que viremos a saber perfeitamente o que desejamos. Também não duvidamos de que fizemos determinada coisa por nossa própria vontade ou que foi por nossa escolha que realizamos determinada ação; e, se fomos obrigados a algo, sabemos como fomos obrigados e quem nos obrigou. Tampouco duvidamos de que o que pensamos sejam pensamentos nossos, ou seja, não duvidamos de que temos consciência de nossos desejos, vontades, atos e pensamentos.

Entretanto, também é costumeiro falarmos que alguém disse ou fez algo inconscientemente. Hoje, o inconsciente surge nas conversas cotidianas como se sempre tivéssemos falado dele em todas as épocas. É muito raro ver alguém contestar a existência dele.

Se, porém, sabemos o que fazemos ou fizemos, se sabemos das nossas vontades, se conhecemos nossos pensamentos, se tudo isso mostra que temos consciência de nossos atos e de nós mesmos, então como se poderia dizer que algo é inconsciente? Se fazemos alguma coisa sem pensar, dizemos que foi inconsciente. Se não conseguimos explicar o ato de alguém, logo, deve ter sido inconsciente. Dessa maneira, associamos o impensado e o ilógico ao inconsciente.

Seria essa a diferença entre inconsciente e consciência? Quando sabemos responder ao como e ao porquê de determinado ato, ele é obra da consciência; mas, se não há explicação, é obra do inconsciente?

Não é incomum ouvirmos a frase "Freud explica" para nos referirmos à ação ou à atitude de alguém como aparentemente inexplicável. Essa frase indica que atribuímos a Freud a explicação de atos, comportamentos, falas que consideramos inconscientes. No entanto, podemos indagar: sabemos, de fato, o que é o inconsciente e o que a Psicanálise designa com essa palavra? Sabemos, de fato, se todos os que se referem ao inconsciente estão se referindo à mesma coisa ou há diferença possível entre os usos desse termo? Qual

seria essa diferença? Foi mesmo Sigmund Freud (1856-
-1939) quem inventou o inconsciente?

Este livro procurará responder a essas questões, debruçando-se sobre o enigma do inconsciente.

1. Consciência e inconsciência

A consciência não é o objeto de estudo deste livro, mas, para podermos distinguir o que é inconsciente do que é consciente, precisamos começar por esclarecer o que é a consciência.

Quando Sócrates (469-399 a.C.) disse "sei que nada sei"; quando Santo Agostinho (354-430) escreveu "se posso me enganar, então eu existo"; ou quando René Descartes (1596-1650) afirmou "existo porque penso", indicavam a importância filosófica do saber de si, isto é, da consciência, pois dela depende a ação ética ou a vontade consciente de si mesma, guiada pela razão para realizar o bem e a virtude. Entretanto, foi somente na Modernidade, com Descartes, que a consciência ganhou um lugar central na Filosofia ao ser tomada como o primeiro pilar ou o primeiro princípio do conhecimento verdadeiro e da ação reta. A consciência define o sujeito do conhecimento, do qual dependem as ideias verdadeiras, e o sujeito ético, do qual dependem as ações virtuosas. Em outras palavras, a verdade e a virtude devem ter como fundamento ou como condição de possibilidade o pensamento e a vontade conscientes de si ou a subjetividade, entendida como capacidade racional universal de conhecimento e ação. Como universal, isto é, igualmente presente em todos os seres humanos de todos os tempos e lugares, o sujeito do conhecimento e o sujeito ético não são uma consciência psicológica individual. Psicologicamente, a consciência é um eu, uma vivência individual, a maneira singular como cada um percebe a si mesmo, percebe o mundo e se relaciona com ele; é o sentimento da identidade pessoal. O lugar central dado à consciência como sujeito do conhecimento e sujeito ético não significa, entretanto, que alguns filósofos não tenham se interessado por aquilo que escapa do consciente e o extravasa.

Antes, porém, de passarmos ao estudo do inconsciente, tal como Freud o formulou, convido o leitor a um breve passeio histórico, um rápido voo panorâmico sobre as ideias de alguns pensadores que tentaram dar conta daquilo que fugia ao domínio da consciência. É o que vemos, por exemplo, num filósofo racionalista como Gottfried Wilhelm Leibniz (1646-1716). Polemizando contra o empirista inglês John Locke (1632--1704), segundo o qual as ideias nascem por associação e combinação de sensações (portanto, por experiência sensorial), Leibniz considera que as ideias e operações da razão são inatas, advindo da própria razão e não da experiência. Entretanto, não nega a importância da experiência: para ele, os conteúdos de nossa mente, ou seja, o material com que trabalha nosso entendimento pode também provir da experiência, mas esta só é capaz de nos fornecer a ocasião para o conhecimento das operações do entendimento ou intelecto. O importante para Leibniz é que a atividade da nossa mente não é condicionada pela experiência, pois podemos pensar e refletir sem nos referirmos aos dados empíricos. Por isso, Leibniz distingue entre verdades de fato e verdades de razão: as primeiras se referem aos dados empíricos trabalhados pelo entendimento (e por isso podem variar e mudar com a variação e mudança desses dados); as segundas se referem aos dados fornecidos exclusivamente pela própria razão (e por isso são universais e imutáveis). Para Leibniz, são quatro as principais atividades de nossa mente: percepção, apercepção, apetição e expressão. As percepções são ideias que representam as coisas do Universo; a apercepção é a percepção que uma mônada tem de si mesma, é sua autorrepresentação ou consciência de si; a apetição é a tendência a fugir da dor e desejar o prazer; e a expressão é o poder interno de nossas ideias para exprimir ou espelhar o Universo a partir de nossa mente. No entanto, Leibniz considera que também possuímos percepções das quais não nos damos conta no momento em que as recebemos. A elas, Leibniz dá o nome de *pequenas percepções*, isto é, percepções cuja magnitude não é suficiente para que delas tenhamos consciência.

Qual a origem das pequenas percepções? Somos seres finitos. Isso significa que nossa mente, ainda que possa conhecer verdades, não pode conhecer de maneira clara e distinta o infinito, seja o infinitamente grande (Deus e o Universo no seu todo), seja o infinitamente pequeno (o ponto mínimo de realidade de um ser). Não podemos, diz Leibniz, perceber clara e distintamente cada gota d'água que compõe uma onda do mar, assim como não podemos perceber clara e distintamente os movimentos infinitamente pequenos de nosso corpo. No entanto, essas percepções existem, pois sem elas não perceberíamos a onda e o mar, nem perceberíamos nosso corpo. Essas percepções de que não temos consciência são as pequenas percepções. Desse modo, a apercepção (a consciência de si) é a percepção consciente obtida pela junção das pequenas percepções não conscientes, que também operam na apetição ou no desejo. As pequenas percepções são, portanto, elementos inconscientes de determinada mente.

A teoria leibniziana das mônadas sugere um conhecimento inconsciente como o conhecimento fora da consciência. No século XVIII, inspirado pelas ideias de Leibniz, Ernst Platner (1744-1818), médico e filósofo em Leipzig, dividiu o conhecimento do homem em três ciências: 1) a Anatomia e a Fisiologia, ocupadas com as partes e o funcionamento da "máquina" corporal, independentemente de seus efeitos sobre a alma; 2) a Psicologia, estudo dos poderes e das propriedades da alma independentemente do corpo; 3) a Antropologia, estudo do corpo e da alma em suas relações recíprocas. Platner publicou, em 1772, uma *Antropologia para médicos e filósofos*, em que a alma humana é entendida como uma sequência de pares alternados de impressões e ideias, vigília e sono, consciência e inconsciência. E foi ele o primeiro a usar, em alemão, o termo inconsciente (*Unbewusste*).

No século XIX, o filósofo alemão Johann Friedrich Herbart (1776-1841) aprofundou o conceito de apercepção e de pequenas percepções de Leibniz, desenvolvendo o conceito de "limiar da consciência". Herbart concebe o psiquismo como algo dinâmico no qual as ideias se opõem entre um estado de completa inibição e um estado de completa liberdade. Para ele, várias ideias ou representações podem estar na consciência, porém algumas estarão abaixo de um limiar consciente, enquanto outras estarão se dirigindo para a consciência, buscando tornar-se o foco de sua atenção. De acordo com Herbart, nenhum objeto que tenha sido representado pela consciência é esquecido, mas é conservado por ela numa imensa reserva de percepções, imagens e ideias de todas as experiências passadas. Essas representações se encontram abaixo do limiar da consciência, mas continuam ativas e prontas para subir ao limiar desta se surgir uma ocasião para isso. Assim, para Herbart as ideias conscientes estão acima do limiar da consciência. As ideias que estão abaixo do limiar são ideias inibidas, ideias que foram afastadas da consciência por serem consideradas ideias incoerentes e irrelevantes. Entretanto, as ideias inibidas não desaparecem e, como dissemos, mantêm-se ativas abaixo do limiar da consciência, esperando a oportunidade de retornar à consciência. Quando elas conseguem esse retorno, ocorre uma apercepção, ou seja, uma consciência de si. Toda ideia luta por ser livre, isto é, para ser apercebida, e isso se dá quando ela consegue ultrapassar o limiar da consciência. Para tanto, as ideias precisam de força, o que significa que elas são dotadas de intensidade. As ideias que não conseguem ser apercebidas continuam em constante luta para atingir seu objetivo de liberdade.

Depois de Herbart, encontramos o médico Gustav Theodor Fechner (1801-1887), fundador da Psicofísica. Fechner, defensor do paralelismo psicofísico, pensava que toda mudança psicológica se relacionava a uma mudança fisiológica, ou seja, para todo fenômeno psíquico existiria um paralelo físico. Fechner procurou quantificar os fenômenos psíquicos propondo a medição das sensações e o estudo da relação existente entre a intensidade dos estímulos físicos e sua percepção pelo psiquismo. Para suas pesquisas utilizou a noção de limiar da consciência de Herbart. Considerou possível, em primeiro lugar, determinar se um estímulo é sentido ou não e, em segundo, fazer a verificação do limiar absoluto da sensibilidade (o ponto abaixo do qual o sujeito não apresenta nenhuma sensação e o ponto acima do qual há uma sensação). Essas duas possibilidades de medida são verificadas a partir da medição da intensidade do estímulo para o qual o sujeito relata a primeira sensação.

Fechner também propôs verificar qual a menor quantidade de mudança de um estímulo que provocaria mudança de sensação, e a isso deu o nome de limiar diferencial. Assim, estudou a relação existente entre a intensidade dos estímulos e sua percepção; como resultado enunciou uma lei que afirma que uma sensação cresce com o crescimento da magnitude da excitação e que um aumento na intensidade do estímulo não produz o mesmo aumento na intensidade da sensação. O médico alemão, em suas experiências, estudou a consciência, ou seja, os processos de apercepção da mente como consciência de si, mas dizia que grande parte da mente encontra-se abaixo da superfície da consciência e é influenciada por forças que não podemos observar. A consciência seria a parte visível de um grande *iceberg*, e a parte submersa equivaleria ao inconsciente. É interessante saber que, para Fechner, os processos inconscientes exercem influência sobre a consciência. Sua ideia era que não podemos deixar de notar o que está acontecendo à nossa volta; tudo ao nosso redor influencia nossos pensamentos, mas nem por isso o que notamos é diretamente consciente.

Assim como temos notícias de que o pensamento de Fechner influenciou Sigmund Freud, há outro pensador, citado pelo próprio pai da Psicanálise, Theodor Lipps (1851-1914), que foi ainda mais importante para o nascimento dessa disciplina. Lipps também foi influenciado pelo pensamento de Herbart. Num primeiro momento, as ideias de Freud sobre o inconsciente se assemelharam imensamente às ideias de Lipps, filósofo seu contemporâneo, cuja obra tinha como objetivo constituir a ideia de uma Psicologia Pura.

Constituir a Psicologia Pura significava, para Theodor Lipps, delimitar o campo psicológico sob dois aspectos: em primeiro lugar, afastando dele pressupostos metafísicos (isto é, teorias sobre a alma humana); em segundo lugar, não aceitando a ideia de que os fenômenos psíquicos possam ser reduzidos aos eventos fisiológicos. Numa palavra, tratava-se de constituir a Psicologia como ciência que não depende de conceitos metafísicos nem fisiológicos e que, portanto, é capaz de definir o psíquico com leis especificamente psicológicas. Para Lipps, todos os objetos da Física são, como percepções, representações e pensamentos numa mente humana, objetos da Psicologia.

No final do século XIX, filósofos como Franz Brentano (1838-1917) e Edmund Husserl (1859-1938) procuraram afirmar que a Psicologia era uma ciência porque possuía objeto e métodos próprios, devendo ser liberada tanto de explicações filosóficas sobre a alma quanto de explicações de tipo físico e fisiológico. Afirmavam que o psiquismo não pode ser explicado como efeito de condições físico-fisiológicas, mas possui especificidade própria. O objeto da Psicologia seria a consciência ou o estudo das vivências conscientes. Embora concordando com a afirmação de que a Psicologia possui objeto próprio, Lipps, também filósofo, criticou a posição de seus dois contemporâneos, e nessa crítica aparecerá a noção de inconsciente.

Para provar a diferença entre o psíquico e o físico, na conferência de 1897, Lipps apresenta sua teoria do sonho, na qual diz que os sonhos não são algo físico, são somente psíquicos. Lipps explica que psíquico é o encadeamento no qual somos forçados a organizar, no pensamento, os objetos da consciência. Mas o filósofo fala também de "representações inconscientes". Para entender o que são essas representações devemos ter em mente que Lipps afirmava que tudo o que acontece no "meu" psiquismo no presente está de alguma maneira ligado às "minhas" vivências conscientes passadas, mas essas vivências anteriores não precisam existir no presente para a minha consciência. Como dizia Lipps, representações passadas agem, portanto, em mim, agora, sem estar presentes para mim, agora, como representações conscientes ou atuais. O psíquico inconsciente para Lipps é o nome de um encadeamento, o que liga o passado ao presente.

2. Freud e a Psicanálise

2.1. A fundação da Psicanálise

Depois de visitarmos brevemente o que já se havia dito e pensado sobre o inconsciente, devemos agora nos voltar para o inconsciente na Psicanálise, pois foi por seu meio que se enraizou o modo como em geral nos referimos a ele.

Sigmund Freud nasceu em 1856, em Freiberg (hoje Pribor), uma cidadezinha da atual Tchecoslováquia, que pertencia ao Império Austro-Húngaro. Quando tinha três anos de idade, sua família mudou-se para Viena, local onde Freud viveu até quase o final de sua vida. Ali estudou Medicina, especializando-se em Neurologia. Seus estudos sobre o sistema nervoso o levaram à clínica das neuroses, ou seja, das doenças do sistema nervoso, por exemplo, a histeria. Só após os estudos e teorias de Freud que patologias como a neurose histérica e a neurose obsessivo-compulsiva passaram a ser entendidas como enfermidades psíquicas, e não afecções do sistema nervoso.

Com os estudos que realizou sobre o sistema nervoso e com suas ideias sobre a psicogênese dessas patologias, aliados às suas descobertas para o tratamento dessas doenças, Freud criou o que conhecemos hoje por Psicanálise. Esse termo aparece nos escritos do médico vienense quando, em 1896, passa a utilizar como método de tratamento de seus pacientes a livre associação de ideias, abandonando o método anterior, pelo qual acreditava que a cura se daria por meio da catarse (da purgação das ideias traumáticas do paciente), obtida pela via da hipnose e da sugestão. No método da livre associação, o paciente é instruído a falar tudo o que lhe vier à cabeça, sem julgar ou censurar nenhum pensamento, sem buscar que seus pensamentos sejam lógicos ou coerentes; deve falar livremente.

Freud deu várias definições de Psicanálise durante sua vida, mas basicamente podemos tomá-la como o trabalho pelo qual levamos à consciência do doente o psíquico recalcado nele. Uma vez que os sintomas e as manifestações patológicas do paciente, como todas as suas atividades psíquicas, são de natureza altamente compósita, e que os elementos dessa composição são em última instância motivos, moções pulsionais, a análise, que significa fracionamento, tem como objetivo levar o paciente a compreender a composição dessas formações psíquicas complicadas por meio de uma decomposição de seus elementos. Como o próprio Freud escreveu em 1922, o doente nada sabe, ou sabe muito pouco, desses motivos elementares; nós lhe ensinamos, reconduzimos os sintomas às moções pulsionais que os motivam, apontamos ao doente nos seus sintomas os motivos pulsionais até então ignorados, como o químico separa a substância fundamental. Simplificando: Psicanálise é o nome dado a um procedimento para investigação de processos mentais que são praticamente inacessíveis à consciência e a um método de tratamento para as neuroses. É também uma teoria psicológica fundada nessa investigação e nesse método de tratamento e que se constituiu, aos poucos, em uma disciplina científica.

Freud, como vimos, não foi o primeiro a falar em inconsciente; entretanto, suas formulações levaram propriamente ao conceito de inconsciente e a uma teoria do inconsciente cujas particularidades levam a que se faça uma distinção entre inconsciente simplesmente dito e o que se chama de inconsciente psicanalítico. Como explica o próprio Freud, no final de um artigo de 1938, intitulado *Algumas lições elementares de Psicanálise*, sua inovação não está no fato de falar do inconsciente, e sim de levá-lo a sério, dar-lhe um conteúdo novo, conhecer-lhe as características e as leis de seu funcionamento.

Antes de criar a Psicanálise, Freud foi médico neurologista e adotava uma teoria neurológica segundo a qual a mente era tida como uma consciência que, ao adoecer, teria a peculiaridade de se dividir, formando uma "dupla consciência", de tal maneira que o paciente teria sua mente dividida em consciência normal e consciência patológica. Portanto, a mente e seu funcionamento eram compreendidos apenas como consciência.

Freud e seu amigo Josef Breuer (1842-1925), ao estudarem juntos os fenômenos da neurose histérica, adotaram essa teoria da dupla consciência, explicando os sintomas das pacientes histéricas como uma invasão da consciência normal pela consciência patológica cuja formação era devida a conteúdos que ética e moralmente não podiam ser aceitos pela consciência normal da paciente ou eram pensamentos, ideias ou vivências ocorridos quando a paciente se encontrava em um estado alterado de consciência, chamado por eles de estado hipnoide. Assim, esses conteúdos, inadmissíveis e insuportáveis para a consciência normal, se tornavam o conteúdo patológico e invadiam a consciência normal, cindindo-a. Os dois médicos não falavam ainda em inconsciente, mas a ideia de que havia algo fora da consciência normal, inadmissível e insuportável para ela e inalcançável por ela, permitirá, mais tarde, a elaboração da noção de inconsciente na Medicina exercida por Freud.

Podemos pensar, então, que clinicamente Freud já observava os efeitos do inconsciente tempos antes de formular esse conceito. O pai da Psicanálise também pôde observar a existência do inconsciente quando, em seus tratamentos, utilizava o recurso da hipnose. É certo que o funcionamento do inconsciente só pôde ser mais bem apreendido por Freud depois de abandonar o uso da hipnose (como ele próprio explicou mais tarde). Entretanto, na época em que a empregava, ele já podia perceber que havia algo que escapava inteiramente do domínio da consciência.

De fato, ao utilizar a hipnose, Freud pedia às suas pacientes que relatassem o episódio a partir do qual seus sintomas haviam aparecido (paralisias inexplicáveis fisicamente, anorexia, temores incompreensíveis, dores sem causa física, choros ou risos inesperados etc.). Sob o efeito da hipnose, elas contavam fatos que, quando acordadas, não tinham lembrança de terem ocorrido. Ou seja, Freud podia verificar que existiam lembranças que estavam guardadas fora da consciência.

O médico acabou abandonando o uso da hipnose (por razões que não cabe tratar aqui para não nos desviarmos demais de nosso tema), mas manteve a ideia de que o tratamento das doenças mentais devia buscar essas memórias escondidas por julgar que poder lembrar-se delas e enfrentá-las era essencial para a cura. Foi nessa busca que ele deparou com algo surpreendente: o fato de as lembranças resistirem a ser lembradas, como se houvesse uma força que não as deixasse aparecer na mente consciente. A resistência em relação às lembranças relacionadas aos sintomas patológicos de suas pacientes fez com que Freud passasse a investigar essa luta de forças, uma força da lembrança que queria ser lembrada e uma contraforça de resistência que não permitia que a lembrança ocorresse na consciência. Nessa luta, o que surgia, na neurose, era o sintoma. A partir de tais observações, Freud iniciou novas investigações para entender o funcionamento do psiquismo. Começou a pensar que essas lembranças deviam estar alocadas em algum lugar a partir do qual tinham uma ação sobre o resto do psiquismo. Esse local poderia ser a consciência patológica, mas Freud também observou que esse tipo de lembranças difíceis de acessar, assim como certos atos difíceis de explicar pela lógica racional, ocorria em pessoas que não eram doentes, que não sofriam de neurose e que, portanto, não tinham uma consciência patológica. Por isso, passou a se interessar pelo estudo do funcionamento do psiquismo "normal" e não só do "patológico". Seus estudos o levaram a abandonar a ideia da dupla consciência.

Em 1896, Freud enviou uma carta a seu outro grande amigo, Wilhelm Fliess (1858-1928), a quem sempre escrevia contando sobre suas pesquisas e teorias, seus pensamentos, inquietações e descobertas. É nessa carta de 6 de dezembro de 1896 que ele contará a respeito de sua formulação sobre a complexidade do aparelho psíquico e das instâncias que o comporiam, uma das quais é exatamente o insconsciente. Na época, Freud tinha como um de seus importantes instrumentos de pesquisa, além das análises de seus pacientes, sua própria autoanálise. Os relatos de seus pacientes e a autoanálise de Freud o levaram a estudar os sonhos como fenômenos que muito podiam esclarecer o funcionamento do psiquismo.

2.2. A sexualidade

Quando Freud começou a tratar pacientes que sofriam de neurose histérica, deparou-se com um fenômeno que o deixou estarrecido. Todas as pacientes relatavam haver sofrido sedução quando eram muito pequenas, por parte de alguém significativo para elas, como o pai, o avô, um tio, a babá. Freud desenvolveu, então, uma teoria sobre a gênese da histeria que ficou conhecida como teoria da sedução. Porém, essa teoria teve curta duração, não mais que três anos, e logo Freud se viu obrigado a abandoná-la, para adotar, em seu lugar, a teoria da fantasia. Resumidamente, o que Freud percebeu é que as pacientes não foram realmente seduzidas, mas criaram uma fantasia de sedução. Posto isso, o médico se viu enredado em certas indagações que o levaram justamente a constituir parte importantíssima do corpo teórico da Psicanálise.

A primeira indagação que se impôs a ele diz respeito ao fato mesmo de que a sedução era uma fantasia e não um dado da realidade. Mas, sendo assim, por qual motivo as pacientes não revelavam facilmente essas fantasias? Por que as fantasias pareciam não ter existência na consciência e necessitavam de muito esforço por parte do médico e do paciente para vir à tona? Dessa questão, como que naturalmente, derivam-se as outras: se essas fantasias não pertencem à consciência, onde elas estão alocadas? E ainda, qual a origem dessas fantasias? Para responder, Freud terá de desenvolver sua hipótese sobre o inconsciente. Essas fantasias eram inconscientes. Por serem inconscientes, não possuíam fácil acesso à consciência. Mas como se formam essas fantasias? Por que elas são criadas? Para responder a essa questão, Freud terá de desenvolver sua teoria sobre a sexualidade infantil.

Na época de Freud acreditava-se que a sexualidade só aparecia no ser humano a partir da puberdade, quando o ser estava biologicamente maduro, pronto para o ato sexual e para a procriação. Qualquer percepção de sexualidade nas crianças era considerada patológica e uma aberração. Desse modo, se uma criança sofresse algum abuso sexual ou alguma forma de sedução, isso não teria, para a criança, sentido sexual no momento da execução do ato. Entretanto, ao chegar à puberdade, caso algum fato remetesse a essa situação passada, ele ganharia uma conotação sexual e poderia ser o gerador de sintomas histéricos.

É exatamente aqui que se introduz o problema que interessou Freud: como é que uma criança que não possui sexualidade e para quem os atos e fatos não têm conotação sexual iria criar uma fantasia de sedução, claramente sexual? Freud afirmará que a criança cria a fantasia de sedução porque já possui sexualidade. Um parênteses: se hoje ainda encontramos resistência na aceitação desse pensamento, imagine o leitor qual não foi o escândalo na época!

É muito importante que tenhamos em mente que sexualidade na época de Freud designava única e exclusivamente o ato sexual genital. Por isso, a primeira tarefa de Freud foi ampliar o conceito de sexualidade.

Assim, sexualidade não se refere apenas aos atos e ao prazer que dependem do funcionamento do aparelho genital; refere-se sim a todas as excitações e atos que estão presentes desde a infância e que dão prazer, um prazer que não se reduz à satisfação das necessidades fisiológicas, como a saciação da fome, do respirar etc. Esse pensamento faz com que possamos diferenciar a sexualidade do instinto. Para esclarecer melhor essa diferenciação, aqui aparece um outro conceito muito importante em Psicanálise: o conceito de pulsão. Freud fará uma diferenciação entre pulsão e instinto, elaborando, numa primeira teoria das pulsões, o conceito de pulsão sexual.

O instinto é um comportamento característico da espécie, ou seja, todos os seres de uma mesma espécie comportam-se de uma mesma maneira diante de determinadas situações. Por exemplo, em relação à vida sexual, instintivamente a satisfação sexual é atingida por meio de um objeto fixo, no caso um parceiro do sexo oposto e de um alvo também fixo, a união dos órgãos genitais no coito. Já para a pulsão o objeto não é fixo. A pulsão (*Trieb*, em alemão) é um impulso interno que direciona o comportamento dos indivíduos sem implicar decisão, mas também sem se confundir com o instinto. Trata-se de um movimento que leva o indivíduo a duas direções: à afirmação de si e da vida (pulsão erótica ou sexual) ou à violência e à destruição (pulsão de morte). Essas duas pulsões básicas orientam a experiência pessoal e produzem um acúmulo de energia psíquica que, tendendo a extravasar, põe cada ser em movimento. Quando age a censura, a pulsão pode ser encaminhada para o recalque, como veremos adiante. De todo modo, a pulsão não é o instinto, pois enquanto este tem um caráter ligado à espécie, transmitido por hereditariedade (como que compreendido, então, num modelo evolucionista), aquela está ligada à busca do gozo. É por isso que Freud não associava a sexualidade apenas ao instinto, mas a inscrevia num quadro mais amplo, no qual também entram as pulsões. É também por isso que ele podia falar de sexualidade na infância.

Na infância, a busca pela excitação e prazer se dá inicialmente por meio do estímulo a diferentes partes do corpo, que são chamadas de zonas erógenas (são principalmente as regiões das mucosas, como a mucosa bucal e a mucosa anal).

No momento em que Freud reflete sobre as fantasias e a sexualidade, ele também realiza sua autoanálise. Desse modo, elabora sua teoria sobre o funcionamento do psiquismo e publica o livro que ele mesmo considera sua obra-prima: *A interpretação dos sonhos*.

Considerando que haverá uma transformação na teoria psicanalítica a partir de 1920, mas sabendo que essa transformação não altera a explicação freudiana sobre o inconsciente em seus fundamentos básicos, nossa exposição estará baseada nos textos de Freud do capítulo VII da *Interpretação dos sonhos* (1899) e do ensaio *O inconsciente* (1915), que faz parte de uma série de artigos nos quais Freud expôs sua teoria e explicou vários conceitos da Psicanálise (são os chamados artigos de metapsicologia). Entretanto, quando se fizer necessário, faremos referências às modificações da teoria freudiana após 1920.

Comecemos nossa viagem por esses textos.

3. Freud e *A interpretação dos sonhos*, de 1900

É no final de 1899 (com data de 1900) que Freud, ao publicar seu livro *A interpretação dos sonhos*, apresenta ao público sua ideia de um aparelho psíquico constituído por três instâncias (três lugares psíquicos): o Consciente, o Pré-consciente e o Inconsciente. Vários são os trechos dessa obra nos quais aparecem referências e explicações sobre o aparelho psíquico. Mas é em seu último capítulo, o capítulo VII, que o pai da Psicanálise apresenta o aparelho psíquico idealizado por ele e seu respectivo funcionamento. Inaugura-se, nesse momento, o que se conhece em Psicanálise como a "primeira tópica": *tópos*, em grego, significa lugar; portanto, Freud está apresentando sua teoria de um aparelho psíquico formado por três "lugares", três instâncias ou sistemas: o Inconsciente, o Pré-consciente e o Consciente.

Embora Freud fale de "lugares psíquicos", isso não significa que eles sejam anatomicamente localizáveis; é por isso que se fala, em Psicanálise, do Inconsciente como hipótese, uma vez que ele não pode ser fisiologicamente observável. Em outras palavras, a grande descoberta de Freud é que o Inconsciente nunca se apresenta diretamente e nunca pode ser diretamente localizado, pois se ele se apresentasse diretamente à consciência deixaria de ser inconsciente: ele pode ser apreendido indiretamente por seus efeitos, mas não por observação direta. Os efeitos do Inconsciente ou suas produções são os sonhos, os atos falhos, os lapsos de linguagem, os sintomas neuróticos e psicóticos, os esquecimentos etc. e é por intermédio deles que o conhecemos. Quando alguém fala algo desejando ter falado algo diferente do que disse, chamamos a isso *ato falho*, um ato inconsciente, pois é o Inconsciente que se expressa apesar do desejo consciente querer o contrário. Por exemplo, a pessoa está anunciando sua separação, a data da assinatura de seu divórcio, mas diz: "No dia tal eu não vou me separar da fulana." Ter dito "não" ao contar algo que irá fazer revela sua intenção inconsciente, seu desejo inconsciente de não realizar aquele ato.

É isso o que acontece com os esquecimentos inexplicáveis, os sonhos, os sintomas neuróticos e psicóticos, ou seja, são atos e ideias que nos surpreendem, que parecem enigmáticos e sem sentido para nossa razão. Dizemos, por isso, que é o Inconsciente que nos determina, influenciando nossos pensamentos e ações, independentemente de nossa vontade consciente.

No capítulo VII da *Interpretação dos sonhos* Freud escreve que o Inconsciente é a base de toda a vida psíquica; é o psíquico em si e sua realidade essencial. É a primeira vez que Freud apresenta sua teoria sobre o Inconsciente. Nesse mesmo capítulo, ele se refere a Theodor Lipps, mostrando como compartilhava das ideias do filósofo quanto à concepção do Inconsciente como base geral da vida psíquica, contendo em si o Consciente e sendo a verdadeira realidade psíquica. Portanto, na teoria psicanalítica o Inconsciente toma o lugar antes ocupado pela consciência: não é ela que determina nossos desejos, atos, pensamentos e ideias; não é ela a base do psiquismo; não é ela a essência do psíquico; tudo isso agora cabe ao Inconsciente. O Inconsciente, assim, se refere ao funcionamento normal do psiquismo e não apenas ao patológico.

Observamos, pois, que a noção de Inconsciente, na teoria freudiana, é uma noção tópica, ou seja, é pensado com base no modelo de lugares de um aparelho e é uma noção dinâmica, uma vez que esse aparelho está em movimento, não é estático, parado, mas age e produz manifestações (sonhos, sintomas, atos falhos etc.).

O leitor deve ter notado que, desde o início do Capítulo 3 deste livro, o termo *Inconsciente* tem sido escrito com letra maiúscula. Isso é proposital, para distinguir, como Freud fazia ao escrever em alemão, entre o Inconsciente como instância do aparelho psíquico e inconsciente como adjetivo para qualificar algum acontecimento psíquico. Para as instâncias do aparelho psíquico, as abreviaturas são: Inconsciente = Ics (e não Inc); Pré-consciente = Pcs; Consciente = Cs.

Como foi dito acima, Freud faz uma distinção a respeito do que chamamos, em geral, de "inconsciente". Podemos utilizar a palavra *inconsciente* em um sentido descritivo para designar uma representação (uma ideia, uma imagem) que está fora da consciência, mas pode, sem esforço, tornar-se facilmente consciente por uma ação da vontade da pessoa ao voltar sua atenção para essa representação. Dizemos que se trata de uma representação inconsciente. Quando, porém, nos referimos a representações (ideias, imagens, desejos) como atos psíquicos que não são passíveis de se tornar, por um simples ato da vontade, conscientes, dizemos que pertencem ao sistema Inconsciente e, nesse caso, a palavra *inconsciente* é usada como substantivo (o Inconsciente) para denominar o sistema que contém tais representações. Tradicionalmente, uma representação é a maneira como algo se apresenta à consciência. Esta reapresenta internamente o que lhe é dado. Ideias, imagens, palavras representam realidades externas e internas à consciência. Freud amplia a noção de representação de dois modos principais: a) introduz a noção de representações do Inconsciente; b) além de ideias, imagens e palavras, concebe também os atos psíquicos como representações.

Devemos, pois, pensar o Inconsciente como um lugar psíquico que tem uma maneira própria de funcionar. No capítulo VII de *A interpretação dos sonhos*, Freud descreve um sistema psíquico que se contrapõe a outro sistema psíquico. É o Inconsciente contraposto ao Pré-consciente/Consciente.

Por que escrevemos Pré-consciente/Consciente como se fosse apenas uma instância? Porque Freud entende que o funcionamento do Pré-consciente é complementar ao Consciente e vice-versa, de modo que as duas instâncias são consideradas parte de um mesmo sistema. O Inconsciente não é o lugar das trevas, da falta de razão e do ilógico; ele tem sua própria "lógica", que não é a mesma do Consciente. O Inconsciente não se deixa apreender pela lógica da razão e pelos órgãos dos sentidos. O que irá caracterizar o Inconsciente é que seu conteúdo não tem fácil acesso à Consciência, diferentemente do conteúdo do Pré-consciente, para o qual basta uma quantidade de atenção e energia voltadas para seus conteúdos para que eles se tornem conscientes.

Em *A interpretação dos sonhos* Freud também apresenta o Consciente como a instância responsável pelas percepções e pelo controle da motilidade (os movimentos); contudo, ela não é dotada de memória. Freud considera que, caso a memória, ou seja, o registro das percepções, fosse feita no Consciente, isso atrapalharia as novas percepções (as lembradas e as atuais se misturariam umas às outras). Por isso, cabe a outra instância a função da memória, isto é, a gravação dos traços de memória, dos traços mnêmicos. A gravação desses traços se dá nas duas outras instâncias psíquicas, ou seja, no Pré-consciente (onde estão lembranças que podem facilmente se tornar conscientes) e no Inconsciente (onde estão lembranças que nunca ou dificilmente se tornarão conscientes).

O Inconsciente não é o inverso do Consciente; ele possui outro funcionamento e outros propósitos. O que implica pensar que há um modo de operar com os atos psíquicos que é consciente e outro que é inconsciente. São os processos, os modos de funcionamento distintos de cada sistema o que os caracteriza. Se um ato psíquico pertence ao Inconsciente, ele não tem acesso ao Consciente em virtude da existência de uma barreira que não permite que os conteúdos do Inconsciente passem para o Consciente. Essa barreira é a censura, que se situa na passagem de um sistema a outro. Um ato psíquico do sistema Inconsciente deve permanecer nesse sistema e, por haver uma força que o mantém ali, não permitindo que ele dali saia, ele é chamado de recalcado. Entretanto, se o ato psíquico passar pela censura e puder tornar-se consciente, ele pertencerá ao sistema Pcs-Cs e ficará alocado no Pré-consciente. Portanto, os conteúdos Pré-conscientes são aqueles que não possuem problemas com censura.

Quanto ao recalque, Freud, em artigo de 1914 (sobre a história do movimento psicanalítico), diz que a teoria do recalque é a pedra angular em que se assenta todo o edifício da Psicanálise. Esse termo é usado muitas vezes por Freud com um sentido que o aproxima de "defesa", como um dos métodos de defesa utilizados pelo eu de cada indivíduo. É empregado para designar o destino das representações eliminadas da consciência e que constituem o núcleo de um grupo psíquico separado. Esse grupo psíquico separado nada mais é do que o Inconsciente e, por isso, diz-se que o recalque institui o Inconsciente. Em 1915, Freud escreve que a essência do recalque consiste apenas no fato de afastar e manter a distância do Consciente. Por essa razão, o recalque é por vezes considerado um destino da pulsão.

Foi na clínica, no trabalho com pacientes histéricos, que o recalque se impôs para Freud. Desde os primeiros tratamentos, ele pôde verificar que as lembranças não estavam disponíveis para o paciente, mas, ao serem trazidas à tona (à consciência), mantinham todo o seu colorido, a sua vivacidade. Tratava-se, como dizia Freud, de coisas que o doente queria esquecer, que intencionalmente mantinha, repelia, recalcava fora do seu pensamento consciente (cf. *Sobre o mecanismo psíquico dos fenômenos histéricos*, de 1893). Desse modo, a noção de recalque surge como correlata à de Inconsciente. Assim, os conteúdos recalcados não estão sob o controle consciente do indivíduo, são um "grupo psíquico separado" que possui leis próprias de funcionamento ou de ação. Uma representação recalcada constitui um primeiro '"núcleo de cristalização" que pode atrair outras representações insuportáveis sem que necessariamente intervenha uma intenção consciente. Temos de ter em mente que o recalque recai sobre os representantes (ideias, imagens etc.) da pulsão.

Em 1915, um dos textos da metapsicologia de Freud é dedicado ao recalque. Nele, Freud apresenta uma teoria do processo de recalque na qual este se dá em três momentos. O primeiro é chamado de recalque "originário", com o qual se cria o primeiro núcleo inconsciente funcionando como polo de atração para os elementos a recalcar; o segundo é o recalque propriamente dito, unindo a essa atração uma repulsa por parte do eu do indivíduo; por fim, haveria o "retorno do recalcado", que aparece sob a forma de sintomas, sonhos, atos falhos etc. O recalque é, portanto, descrito como uma operação dinâmica, em que está implicada a manutenção de um contrainvestimento (uma força que mantém os conteúdos no Inconsciente) e sempre passível de ser posta em causa pela força do desejo inconsciente que procura retornar à consciência e à motilidade.

A operação do recalque pode ser pensada a partir do triplo registro da metapsicologia: tópico, econômico e dinâmico. Do ponto de vista tópico, Freud descreve o recalque como a manutenção das representações insuportáveis fora da consciência, mas nem por isso assimila a consciência à instância recalcante. A função recalcante é dada pela censura. Na segunda tópica, o recalque é entendido como uma operação defensiva do eu (em parte inconsciente). Do ponto de vista econômico, o recalque possui um mecanismo complexo de desinvestimentos, reinvestimentos e contrainvestimentos que recaem sobre os representantes da pulsão. Do ponto de vista dinâmico, o problema principal está em saber quais são os motivos para a ocorrência do recalque: procura-se explicar como uma pulsão, cujo objetivo é a satisfação (que, por definição, é geradora de prazer) acaba por produzir um desprazer que põe em marcha o processo do recalque.

Para concluir este capítulo, vale lembrar que existem casos nos quais as representações do sistema Ics passam para o sistema Cs. Quando isso acontece, elas sofrem distorções (elas se disfarçam) para poder passar pela censura sem ser barradas, como é o caso dos sonhos, atos falhos e sintomas neuróticos e psicóticos, que para serem compreendidos precisam ser interpretados, ou seja, requerem que se desvende seu sentido ocultado pela deformação ou pelo disfarce. É isso que significa interpretar as manifestações inconscientes.

Vejamos como isso se dá na breve interpretação de um sonho, retirado do capítulo V do livro *A interpretação dos sonhos.* Freud denomina esse sonho de sonho inocente: um rapaz sonhou certa vez que estava novamente vestindo seu sobretudo de inverno, o que era uma coisa terrível. Segundo Freud, a razão aparente desse sonho fora um súbito retorno do tempo frio, mas, analisando-o mais de perto, observou que as duas pequenas partes que compõem o sonho não estão em completa harmonia, pois o que poderia haver de "terrível" em vestir um sobretudo pesado ou grosso no frio? Além disso, a inocência do sonho foi decisivamente abalada pela primeira associação que ocorreu ao sonhador na análise, pois se lembrou de que uma senhora lhe contara, na véspera, que seu filho mais novo devia sua existência a um preservativo rasgado. Com base nisso, o rapaz pôde reconstruir seus pensamentos: um preservativo fino era perigoso, mas um preservativo grosso era ruim. O preservativo foi adequadamente representado como um sobretudo, visto que nos enfiamos em ambos, e uma eventualidade como aquela que a senhora descrevera certamente seria terrível para um homem solteiro.

Por esse simples exemplo podemos ter uma ideia de como nosso Inconsciente disfarça seus conteúdos.

4. Freud e o ensaio *O inconsciente*, de 1915

No ensaio *O inconsciente*, de 1915, Freud apresenta duas hipóteses sobre a passagem das representações psíquicas de um sistema para o outro. A primeira hipótese considera que, do ponto de vista tópico, quando uma representação passa do sistema Ics para o Pcs-Cs ou vice-versa (quando é recalcado) ocorre uma dupla inscrição, isto é, a representação fica inscrita, marcada, tanto no sistema Ics quanto no sistema Pcs. A outra hipótese é chamada por ele de funcional. Essa hipótese leva em conta a energia de investimento utilizada por cada sistema. Assim, quando uma representação passa de um sistema ao outro ocorre um desinvestimento de energia psíquica por parte de um dos sistemas e um investimento por parte do outro sistema, "puxando" a representação de um sistema para o outro.

Essas hipóteses são apresentadas por Freud no começo de seu artigo de 1915, como um dilema no qual a hipótese funcional anularia a hipótese tópica sem que Freud possa decidir qual das duas hipóteses seria a verdadeira. Contudo, no final do mesmo artigo, como costumeiramente encontramos nos textos de Freud, ele traz uma solução nova que desfaz seu dilema. Ele explica que existem dois tipos de representação psíquica, a representação-de-coisa e a representação-de-palavra, e será a explicação dada por meio dessa perspectiva que solucionará sua dúvida anterior.

Em um texto de 1891, intitulado *Sobre as afasias*, Freud explicara o que são as representações de palavra e de objeto. Na Linguística, palavra é uma representação complexa; a ela corresponde um processo associativo, uma combinação de elementos acústicos, visuais e cinestésicos. Desse modo, a representação-de-palavra possui uma imagem sonora, uma imagem visual das letras, uma imagem motora da fala e uma imagem motora da escrita. Contudo, a palavra só ganha significado por sua união com a representação-de-objeto. A representação-de-objeto é, a seu turno, um complexo de associações formado por várias representações visuais, acústicas, táteis, cinestésicas (a representação-

-de-objeto está mais ligada às impressões sensoriais do objeto ou às imagens sensoriais).

No texto de 1915, Freud introduz a noção de representação-de-coisa como o complexo associativo de impressões sensoriais. Nesse texto, a soma ou junção da representação-de-palavra com a de representação-de-coisa recebe o nome de representação-de-objeto. Uma coisa representada, portanto, é uma junção de impressões sensoriais (a representação-de-coisa) e de imagens sonoras, visuais e cinestésicas (representação-de-palavra). Em resumo, o que, no texto sobre as afasias, era representação-de-objeto passa, no texto sobre o Inconsciente, a ser representação-de-coisa, e a representação-de-objeto passa a ser representação-de-coisa somada à representação-de-palavra. Essa mudança conceitual é o que permite a Freud resolver o dilema posto pelo texto sobre o Inconsciente. De fato, explica Freud, o sistema Inconsciente investe somente as representações-de-coisa e o sistema Pré-consciente/Consciente investe as representações-de-coisa mais as representações-de-palavra, isto é, investe as representações de objeto. Isso significa que para uma representação-de-coisa sair do Inconsciente ela deve unir-se a uma representação-de-palavra; e, ao contrário, uma representação-de-objeto pré-consciente, ao adentrar o Inconsciente, perde sua união com a representação-de--palavra, tornando-se representação-de-coisa. Portanto, quando pensamos o recalque, devemos ter em mente que nesse processo não se pretende impedir que uma representação inconsciente se torne consciente, e sim que a representação-de-coisa não se una à representação-de-palavra.

Dito de forma mais simplificada, isso significa que o que está no Inconsciente não pode ser nomeado; só o que pertence ao Pré-consciente/Consciente é que tem palavra, ou seja, tem nome, e o nome é aquilo que nos ajuda a constituir e construir sentido. É somente nomeando as coisas que podemos comunicar com os outros. Por esse motivo, no texto sobre o Inconsciente, Freud vai não apenas resgatar seu estudo sobre as afasias (ou seja, a incapacidade de nomear objetos), como trará para a cena a esquizofrenia, patologia na qual a comunicação se vê afetada, pois nos explica que na esquizofrenia as palavras estão sujeitas a um processo de modificação semelhante ao da deformação do conteúdo latente em conteúdo manifesto dos sonhos. E, frequentemente, a construção de suas frases passa por uma desorganização que as torna incompreensíveis.

Portanto, se a "coisa" não tem "palavra" não pode ser nomeada, e desse modo não faz sentido para o Consciente. Por essa razão é que, para chegar ao Pcs-Cs, a "coisa" precisa unir-se à palavra e, assim, ter sentido. Entretanto, o Inconsciente, por seu funcionamento peculiar, pode conter a "coisa" sem a palavra, sem o sentido.

É assim que Freud apresenta, em seu artigo de 1915, a diferença entre as representações do Ics e as do Pcs-Cs. Como já dissemos, a metapsicologia freudiana trabalha com os registros tópico, econômico e dinâmico. Freud, ao propor a noção de dinâmica, passa a lidar com aquilo que é próprio da dinâmica na Física, isto é, relações de forças, impulsos, energias, cargas e descargas. Assim, uma representação (de coisa, de palavra, de objeto) não é algo inerte, mas uma ação, uma força, uma energia em relação com outras. Ainda na concepção dinâmica do aparelho psíquico, Freud utiliza a noção de desejo inconsciente. Desejo, nesse sentido, designa aspiração, não tem a conotação de cobiça; refere-se ao ato de aspirar a algo, uma situação, uma relação, enfim, algo que traga satisfação. O desejo inconsciente tende a realizar-se, restabelecendo os sinais das primeiras vivências de satisfação. Freud explica que a imagem mnêmica (da memória) de uma percepção fica guardada e associada ao traço mnêmico da excitação que resultou de uma necessidade. Freud diferencia necessidade de desejo: a necessidade é biológica e busca a satisfação com um objeto específico e real (por exemplo, a necessidade de suprir a fome encontra satisfação com o alimento), ao passo que o desejo realiza-se pela reprodução das percepções, podendo inclusive ser alucinatório (por exemplo, a satisfação de mamar o leite materno pode ser alucinada e reproduzida pelo chupar o dedo). As percepções são transformadas em signos de satisfação que, para Freud, possuem sempre conotação sexual, pois o motor do desejo é a sexualidade. Na *Interpretação dos sonhos*, Freud apresenta sua definição de desejo quando escreve que o sonho é a realização de um desejo recalcado e a fantasia é a realização do desejo de maneira alucinatória.

Também referente ao processo dinâmico encontra-se a teoria das pulsões. Conforme Freud, a pulsão tem sua fonte em uma excitação corporal, num estado de tensão, e seu objetivo é terminar com esse estado que surge da fonte pulsional. Chega-se a esse objetivo por meio de um objeto ("objeto" em Psicanálise pode referir-se também a pessoas, como o objeto de amor de alguém, por exemplo). Desse modo, a pulsão é definida como um conceito limite entre o somático (o que se passa no corpo) e o psíquico (o que se passa na psique). A pulsão tem uma fonte somática e um representante psíquico (algo ou alguém que satisfaz ou inibe o somático). O termo *pulsão* tem uma conotação de impulso, impulsão. A pulsão, diz Freud, é o motor do funcionamento do aparelho psíquico, é uma pressão ou força que afeta o organismo desde dentro e o impele a realizar ações que buscam provocar uma descarga de excitação, ou seja, provocar a satisfação, uma vez que, como vimos, descarga de excitação é satisfação, é obtenção de prazer. A teoria das pulsões sempre foi dualista (no sentido de que Freud sempre pensou em duas pulsões que se opõem), mesmo com a mudança que sofreu após 1920, no artigo *Além do princípio do prazer*, no qual Freud fala de pulsão de vida e pulsão de morte. Na primeira teoria das pulsões, de 1905, ele fala de pulsões de autoconservação e pulsões sexuais. A pulsão de autoconservação é o movimento que busca manter o indivíduo vivo, tentando suprimir a tensão na fonte corporal. Em princípio, ela seria oposta à pulsão sexual, mas Freud nunca conseguiu explicar claramente essa oposição. No fim, une essas duas pulsões naquela que chamará de pulsão de vida.

Quanto à dimensão econômica, devemos pensar em termos de investimento de energia psíquica. Para entendermos melhor, parece apropriado nos referirmos a um texto de Freud de 1895, com o qual ele buscava compreender a formação das emoções no aparelho neurológico. O trabalho referido se chama *Projeto para uma psicologia científica*, no qual o neurologista tentava compreender o funcionamento das emoções de maneira totalmente orgânica e não psíquica, isto é, queria entender como o funcionamento fisiológico do sistema nervoso produzia no organismo as alterações psíquicas das emoções. Pelas dificuldades encontradas para dar tais explicações, Freud abandonou o projeto e passou a buscar a explicação no plano psíquico. Apesar de ter sido abandonado, esse trabalho pode ajudar em nossa compreensão da obra freudiana. No *Projeto*, Freud apresenta o funcionamento do sistema nervoso pela circulação de energia elétrica entre os neurônios, ou seja, afirmando uma energia física que circula pelo sistema nervoso. Freud explica que o objetivo do sistema nervoso era a descarga dessa energia até o nível mais baixo possível que garantisse a vida do organismo. Para ele, com a descarga da energia, o que se obtinha era a sensação de prazer. Portanto, o objetivo do aparelho (ou sistema) nervoso, em última instância, era o de obter prazer.

Ao abandonar o *Projeto*, Freud não abandona a ideia de que possuímos um aparelho que busca a obtenção de prazer por meio da descarga de energia. Freud mantém, portanto, o vocabulário da carga e da descarga; o que muda é que ele irá transpor esse vocabulário para o plano psíquico. Assim, há uma energia que agora não é mais física, e sim psíquica, que circula pelo aparelho também ele psíquico, investindo de energia as representações psíquicas, isto é, ideias, imagens, pensamentos etc. Desse modo, Freud irá explicar o funcionamento do aparelho psíquico recorrendo a uma energia psíquica que circula por suas representações, investindo-as de energia ou desinvestindo-as, sempre em busca de serem descarregadas para obter prazer. Portanto, descarga de energia psíquica gera prazer, e o aparelho psíquico é um aparelho de prazer-desprazer. Ele funciona, primeiro, com o acúmulo de energia (gerando tensão e, portanto, desprazer), e, segundo, com a descarga da energia acumulada (aliviando a tensão e atingindo, assim, o prazer). Não podemos, desse modo, pensar o funcionamento do aparelho psíquico descrito por Freud sem pensá-lo em termos de gasto, descarga e investimento de energia. Porém, como isso se dá em cada uma das instâncias psíquicas?

Ao apresentar as características próprias do sistema do Inconsciente, Freud escreve que o núcleo desse sistema é constituído por impulsos carregados de desejo que buscam descarregar seu investimento de energia psíquica. A descarga de um investimento só é feita quando a representação-de-coisa alcança o Consciente; por isso, as representações-de-coisas recalcadas no Inconsciente possuem um movimento incessante para ultrapassar a censura que as reprime (ou, como vimos, para se unir a uma representação-de-palavra e se tornar uma representação-de-objeto, pois essa é própria do Consciente). Assim, o sistema do Inconsciente funciona buscando a descarga de seus investimentos de energia psíquica da maneira mais direta possível. Entretanto, irá encontrar a barreira da censura, que não permitirá que isso ocorra tão diretamente.

Mas como se dá o funcionamento "interno" do Ics e de que maneira ele busca lograr a descarga dos seus investimentos de energia?

As cargas de investimento das representações no Ics são muito mais móveis do que nos outros sistemas. Freud diz que os impulsos pulsionais (ou seja, os impulsos carregados de desejo no Ics) vivem lado a lado e não se influenciam; tampouco se contradizem. Isso significa que, se dois desejos inconscientes forem ativados ao mesmo tempo, eles não se anularão, mas irão combinar-se e formar um objetivo intermediário entre os dois. Ou seja, no Ics não há lugar para a contradição, para a negação ou mesmo para a dúvida. No Inconsciente não há conflito. É por isso que podemos sonhar com uma pessoa que já morreu e no próprio sonho sabermos que ela já morreu, mas a tratamos como se estivesse viva, pois no Ics temos a representação da pessoa viva e da pessoa morta, e uma não contradiz nem anula a outra.

Outra característica importante do sistema Ics é sua atemporalidade. Escreve Freud no texto sobre o

Inconsciente que os processos nesse sistema são atemporais, não são cronologicamente organizados, não são afetados pelo tempo decorrido e não têm nenhuma relação com o tempo. Desse modo, voltando ao nosso exemplo, uma vez que não há passado ou futuro, tudo é presente no Ics, de modo que a pessoa está viva e está morta ao mesmo tempo. Portanto, os processos psíquicos inconscientes não se alteram pela passagem do tempo.

Quando falamos do funcionamento do Ics, referimo-nos ao que Freud chamou de *processo psíquico primário*. Primário porque vem primeiro no desenvolvimento psíquico. É preciso que o aparelho se desenvolva até conseguir um funcionamento secundário; este é o funcionamento característico do sistema Pré-consciente/Consciente. Há, então, duas maneiras de funcionamento psíquico concomitantes, uma para o Ics e outra para o Pcs-Cs.

De que consta o processo primário característico do sistema Inconsciente?

Se abordarmos essa questão de um ponto de vista econômico (isto é, relacionado à energia, seus gastos e movimentos) teremos que a energia no Ics é livre, quer dizer, circula livremente de uma representação para outra, investindo e desinvestindo de energia as representações sem ficar presa e fixa a uma delas. Essa circulação acontece por dois mecanismos psíquicos que, para Freud, caracterizam o processo psíquico primário: a condensação e o deslocamento. Na condensação, a representação ou ideia pode se apropriar da carga de investimento de várias outras representações; no deslocamento, uma representação ou ideia pode passar toda a sua carga de investimento para outra. Em outras palavras, o deslocamento é a passagem da carga de investimento de uma representação à outra, enquanto a condensação é a divisão ou apropriação de cargas de energia de uma representação por outra ou por outras. É difícil pensarmos separadamente a condensação e o deslocamento. Freud o faz apenas didaticamente, sem pretender que haja uma separação na realidade.

Como exemplo de condensação, vamos pensar em um sonho: eu sonho com uma pessoa que não conheço, mas ela tem os cabelos de minha mãe, o nariz da minha avó, o jeito de andar da minha melhor amiga e o tipo de roupa que veste minha vizinha. Essa pessoa é na verdade, por condensação, todas as pessoas às quais me referi. Quanto ao deslocamento, para facilitar nossa compreensão, podemos imaginar que estou tendo problemas com meu irmão, mas em meu sonho é a figura do padeiro que aparece na situação de briga que eu estava tendo com meu irmão: o que ocorreu foi um deslocamento de energia da imagem de meu irmão (imagem que, ao perder a energia, fica fraca e não aparece) para a imagem do padeiro, que ao ter a energia deslocada para si, fica forte e é a imagem que surge no sonho (disfarçando, portanto, a briga com meu irmão).

Outra característica está relacionada à busca do prazer. O sistema Ics funciona segundo o princípio do prazer. Já em 1895, Freud tinha a ideia de que nosso psiquismo funcionava buscando o prazer e evitando o desprazer. Para compreendermos o que isso significa temos de saber como Freud entende esse processo de prazer-desprazer. Desprazer, diz Freud, ocorre quando temos um acúmulo de energia represada, gerando tensão. Podemos comparar com um sistema elétrico, cuja energia que passa pelos fios condutores de eletricidade precisa ser descarregada adequadamente para, por exemplo, acender uma luz; se essa energia for interrompida em seu fluxo, vai haver um acúmulo de energia, ou seja, uma tensão elétrica. Com base nesse modelo, podemos pensar que nosso psiquismo leva cargas de energia que devem fluir por todo o aparelho e cujo objetivo é a descarga. A energia que não for descarregada gera tensão, e tensão é sentida como desprazer. Já a energia que é descarregada gera a sensação de prazer. Por isso, prazer é descarga de energia.

Assim, funcionar segundo o princípio do prazer quer dizer buscar a descarga total e imediata de sua carga de investimento, buscar encontrar o caminho mais curto e direto para a descarga, motivo pelo qual não leva em conta a realidade. Dizemos que uma pessoa agiu pelo processo psíquico primário, segundo o princípio do prazer, quando agiu impulsivamente, sem pensar nas consequências, sem levar em consideração a realidade externa, mas apenas a realidade psíquica.

O pensamento, o princípio de realidade e a energia ligada a uma representação são características do processo psíquico secundário, marca do sistema Pcs-Cs. Como vimos, o acesso ao sistema Pcs/Cs, por parte dos derivados do Ics, ocorrem apenas depois de esses sofrerem uma grande distorção em relação às representações originais do Ics (o padeiro no lugar do meu irmão; o sobretudo no lugar do preservativo). Isso ocorre porque, se os conteúdos do Inconsciente atingissem o Consciente tal qual estão no Inconsciente, causariam dor e sofrimento ao Consciente e, por isso, só podem passar pela censura se estiverem disfarçados, uma vez que o aparelho psíquico quer evitar o desprazer. Dessa maneira, Inconsciente e Consciente fazem um "acordo", uma formação de compromisso com o qual o Inconsciente consegue um pouco de prazer com uma descarga relativa e não total do seu investimento, ao passo que o Consciente não sente total desprazer, apenas um desprazer relativo por descarregar o que vem do outro sistema.

Mas Freud também fala sobre sentimentos Inconscientes. O que seriam eles?

Em primeiro lugar devemos saber que um afeto, para Freud, possui intensidade; é uma intensidade afetiva que pode juntar-se ou separar-se de uma representação. Freud fala de quota de afeto e de soma de excitação com esse sentido de intensidades. Intensidades que, ao buscarem a descarga, geram as sensações. Como diz o próprio Freud, os afetos e sentimentos correspondem a processos de descarga cujas manifestações finais são percebidas como sensações.

É a partir do questionamento da possibilidade de existência de afetos inconscientes que Freud dirá que, apesar de fazer parte da natureza de um sentimento a possibilidade de que se tome consciência dele (o que, então, tornaria impossível uma inconsciência de sentimentos, sensações e afetos), na prática psicanalítica se fala de amor, ódio, raiva, medo etc. inconscientes. Em Psicanálise, então, chama-se de inconsciente o afeto cuja ideia que o representa foi recalcada.

O afeto, num primeiro momento, está ligado a uma representação, dando a ela determinada intensidade. Se ocorrer o recalque, a representação será recalcada, mas o afeto será desligado dessa representação e obrigado a se ligar a outra representação. A consciência irá considerar esse afeto ligado a uma representação que não é a representação à qual estava originalmente ligado como a efetiva expressão dessa nova representação. Assim, podemos entender que o que é inconsciente não é o afeto, mas a representação à qual ele estava ligado no princípio.

Com efeito, o uso das expressões *afeto inconsciente* e *sentimento inconsciente* está relacionado ao destino que o fator quantitativo da representação terá devido ao recalque.

São três os destinos possíveis: 1) o afeto continua existindo como tal; 2) o afeto transforma-se em uma cota de afeto de outra qualidade (principalmente em medo); 3) o afeto é reprimido (sua descarga é impedida).

O verdadeiro objetivo do recalque é impedir que os afetos aflorem, sejam descarregados. Desse modo, afetos inconscientes não existem da mesma maneira que existem ideias inconscientes, uma vez que as ideias, mesmo que recalcadas, continuam existindo no Inconsciente, mas os afetos não. A diferença está em que as ideias são traços de lembranças investidas com determinada carga, enquanto os afetos e sentimentos são processos de descarga que por suas manifestações são percebidos como sensações. Mas não podemos pensar que o Inconsciente é apenas um depósito do que foi descartado pelo Pré-consciente/Consciente e que, por isso, ficaria ali, inativo. O Inconsciente tem vida e mantém uma séria de relações com o Pré-consciente, inclusive uma relação de cooperação. O Inconsciente age sempre por meio de seus derivados (sonhos, atos falhos, sintomas, chistes etc.).

Quando, depois de 1920, Freud formula a segunda tópica, explicando o funcionamento do aparelho psíquico em termos de *ego*, *id* e *superego*, ele não abandonará a primeira tópica. O *id* corresponderia à parte mais primitiva e inacessível da personalidade; o *superego* seria o índice do máximo de moralidade assimilado pelo indivíduo; o *ego* seria um mediador entre o *id* e o *superego*, corresponderia ao eu que tem consciência da realidade, mas que extrai sua força do *id* e segue o *superego* em sua conexão com a realidade.

Desde sempre Freud falou em *ego*, ou seja, do eu da pessoa. No *Projeto*, de 1895, por exemplo, o *ego* (ou eu) era a instância que controlava o fluxo da energia pelo sistema de neurônios. Só depois da virada ocorrida na teoria psicanalítica, em 1920, com o surgimento dos conceitos de pulsão de vida e pulsão de morte, é que Freud irá repensar os mecanismos do aparelho psíquico e o apresentará como sendo formado pelas instâncias do *id*, do *ego* e do *superego*. Na realidade, Freud fala de "eu", "isso" e "supereu", seguindo o caminho aberto pela obra *O livro do isso*, de Georg

Groddeck (1866-1934). Foi o psicanalista inglês James Strachey (1887-1967) que, ao traduzir as obras de Freud do alemão para o inglês, fez a modificação de nomenclatura com a intenção de dar um caráter mais científico à Psicanálise. Tudo com a anuência de Freud, que desejava que a Psicanálise fosse aceita como ciência pelo meio acadêmico e científico.

Seja como for, Freud descobre, em seu trabalho psicanalítico, que há uma organização psíquica coerente e unitária à qual chama *eu*. O eu, muito ligado à consciência (mas em parte inconsciente também) é uma instância intermediária entre o mundo externo (pelo sistema percepção-consciência) e outra instância, um eu inconsciente, chamada *isso* (*id* em latim). O nome *isso* serve para indicar que se trata de algo do qual se fala apontando para ele, sem poder analisá-lo diretamente, mas tão somente com base em seus efeitos, suas manifestações. É para essa dimensão inominável (porque não percebida diretamente) que se aponta ao se falar de *isso*. O eu representa a razão e o bom senso e é oposto ao isso, sede das paixões. O eu é ainda o responsável pelas relações entre as instâncias psíquicas e o mundo externo, cabe a ele controlar quais impulsos do isso poderão ser satisfeitos e de que maneira, sempre levando em consideração a realidade externa. O isso é o grande reservatório de libido (a energia psíquica sexual) e tem por objetivo a descarga dessa energia e a obtenção de prazer total e imediato (seguindo o processo primário, como vimos anteriormente). Cabe ao eu refrear esses impulsos vindos do isso, pois são investimentos-produtos das pulsões sexuais das quais o eu busca se defender por meio do recalque. Contudo, há ainda outra instância que torna mais complexa a vida do eu: o supereu ou a instância da ordem e da proibição. Como consciência moral, o supereu contém os costumes vindos de fora do eu e do isso, costumes que transcendem o indivíduo (vêm da inserção social), mas que são assimilados por ele, dominando portanto seu eu (donde o termo latino *superego*, que não significa um eu forte, robustecido, mas o que está acima do eu, o supraeu).

Desse modo, não podemos pensar apenas que o *id* corresponde ao Inconsciente e que a cada instância da primeira tópica corresponda uma outra da segunda. Como já havia sido explicitado por Freud em 1915, embora tudo o que é recalcado seja inconsciente, o

Inconsciente não se reduz ao recalcado. Da mesma maneira, o *id* é inconsciente, mas o Inconsciente não se reduz ao *id*, uma vez que partes do *ego* e do *superego* também podem ser qualificadas como inconscientes. Portanto, a distinção entre Consciente e Inconsciente aprimorou-se, os conflitos psíquicos não são mais pensados como conflitos entre Consciente e Inconsciente, mas, sim, entre externo e interno, entre real e psíquico, e as instâncias, atores desse conflito, são o *ego* e o *superego* em suas relações com o *id* e o mundo externo.

5. Críticas à noção freudiana de inconsciente

Não há dúvida de que o conceito de inconsciente, tal como formulado por Freud, tem uma imensa importância para a Ciência, a Filosofia e as Artes. O modo como a linguagem comum o emprega revela seu sucesso prático, servindo para designar um campo da experiência humana que está acima de discussão, o campo que não pode ser controlado, decidido, domesticado, mas que também não anula inteiramente a possibilidade de cada indivíduo determinar em maior ou menor grau sua própria existência.

Na história da Psicanálise, muitos autores de grande importância aderiram à ideia freudiana de inconsciente, mesmo quando a reelaboraram radicalmente, como foi o caso de Jacques Lacan (1901-1981). Outros se mostraram continuadores diretos da obra freudiana, como Melanie Klein (1882-1960). Outros, ainda, embora fossem herdeiros da psicanálise freudiana, elaboraram concepções terapêuticas muito distintas do pensamento freudiano, e, nesse sentido, relativizaram a importância da noção de inconsciente ou mesmo a abandonaram. Foi o caso do que se designa por Escola Inglesa de Psicanálise, composta por Donald Winnicott (1896-1971), Wilfred Bion (1897-1979), entre outros.

O caso de Winnicott (aliás, bastante estudado no Brasil) é paradigmático. Costumava insistir na importância de o paciente sempre procurar detalhes do passado que ainda não foram experienciados, a fim de que essa busca constante assuma a forma de uma procura de como o detalhe poderá manifestar-se no futuro. Por exemplo, Winnicott insistia que um medo sentido hoje pelo paciente é algo que ele carrega consigo e que não pode ser explicado apenas em termos de recalque, num modelo biologicista tal como fizera Freud. No limite, Winnicott não aceita incondicionalmente a teoria das pulsões de Freud e, por conseguinte, não identifica instâncias psíquicas, entre as quais estaria o Inconsciente. Para Winnicott, o termo *inconsciente* é um modo de falar de aspectos da existência concreta dos indivíduos, apontando para a dinâmica da "experienciação" daquilo que o indivíduo carrega sem se dar conta. Seu modelo compreensivo seria mais parecido com a postura fenomenológica (no sentido de que a consciência é um fluxo composto de unidades de atenção), de modo que o processo de tomada de consciência é algo que se desenvolve e amadurece com o passar do tempo e não como uma entrada de elementos vindos do sistema inconsciente para o sistema consciente. Por fim, Winnicott, que era pediatra de formação e com larga experiência na medicina infantil, percebia que o psiquismo humano era mais bem descrito não em termos de pulsão de vida e de morte, mas em termos de uma necessidade natural de sociabilidade e reconhecimento interpessoal.

Mas as críticas mais duras à noção freudiana de inconsciente vieram dos filósofos. Em linhas gerais, os fenomenólogos, discípulos de Edmund Husserl (1859--1938), exigiam que as experiências "inconscientes" fossem mais bem explicadas, pois atribuí-las a um sistema chamado Inconsciente lhes parecia contraditório. Afinal, se todo objeto é objeto de uma consciência (quer dizer, é sempre uma consciência que põe um objeto; consciência é sempre consciência de algo), ainda que se fale de objetos inconscientes, será a consciência que falará deles. Alguns fenomenólogos, como o próprio Husserl, Edith Stein (1891-1942) e Maurice Merleau-Ponty (1908-1961), não rejeitavam toda possibilidade de pensar o inconsciente, mas punham questões que levavam à necessidade de explicar os fenômenos psíquicos de maneira mais rigorosa. Outros, como é o caso de Jean-Paul Sartre (1905-1980), fizeram críticas mais duras. No entanto, é curioso notar que o próprio Sartre, elaborando seu marxismo existencialista, termina por produzir um tipo de pensamento que recorre a uma instância muito parecida com o inconsciente freudiano. Em sua descrição política do ser humano, Sartre serve-se frequentemente da ideia de descentração (o indivíduo não é mais o centro da explicação), contra todo individualismo, para dizer que o que chamamos de indivíduo resulta de uma estrutura dada pela História, condicionando, pois, a formação individual. Ora, em que pese a diferença de nomes, não se pode negar que, do ponto de vista da compreensão, postula-se uma dimensão que antecede a consciência e a determina, tal como fazia Freud ao falar do Inconsciente.

Outros filósofos concentraram-se em críticas de caráter epistemológico, baseando-se em um problema bastante preciso: como aceitar a pretensão da Psicanálise a ser considerada uma ciência natural se ela não apresenta o mesmo procedimento das ciências? Em outras palavras, se a Psicanálise (e, portanto, o discurso sobre o Inconsciente) não se baseia na descrição dos fatos por meio de sua reprodutibilidade, mas recorre à narrativa pessoal como tipo específico de observação, como pretender que sua explicação seja equiparada à explicação das ciências naturais? Houve quem dissesse que a Psicanálise não passa de um conto de fadas. Não está longe dessa opinião grande parte dos neurocientistas atuais, embora muitos deles subscrevam a ideia de inconsciente.

Com uma crítica mais elaborada, Karl Popper (1902-1994) constatava que o discurso psicanalítico leva a crer que se pode explicar todo e qualquer comportamento humano com base na hipótese do inconsciente. Isso faria da Psicanálise muito mais um discurso hermenêutico do que científico, pois suas interpretações não podem sequer ser refutadas. A conclusão de Popper é dura: a Psicanálise não passa de uma pseudociência, e a teoria freudiana do inconsciente não seria nada mais do que pura mitologia. Mas um filósofo com bom conhecimento da história do pensamento poderia relativizar a crítica de Popper, porque sua epistemologia se baseia numa visão de ciência devedora de uma antropologia que cinde o ser humano em razão e emoção, como se o campo da razão pudesse ser claramente delimitado (aliás, autodelimitado pela própria razão, curiosamente sem contraposição com nada de diferente) e como se o campo da emoção não tivesse nenhuma participação da razão, numa impermeabilidade mútua. Desse pressuposto decorre a imagem de que o discurso mitológico nasce da pura imaginação, da vontade abandonada a si mesma, sem que seu trabalho possa revelar nada sobre a experiência humana. Ora, antes dessa antropologia cindida, quando razão e emoção eram pensadas em íntima relação, o discurso mitológico não era visto como simples fantasia. O mito, na história da Humanidade, sempre foi considerado uma forma de pensamento que intui os limites da linguagem para exprimir certas experiências e produz um discurso que, embora sem a exatidão da ciência moderna, também não é completamente desprovido de sentido. Aliás, a convicção recorrente entre os cientistas, segundo a qual aquilo que não é explicado hoje o será um dia, não se comporta exatamente como um mito?

6. Conclusão

Vimos que Freud não inventou o inconsciente. Esse termo já era utilizado antes dele, e a ideia de que nem tudo é consciente ou passa pela consciência também já havia sido teorizada antes dele.

Freud reconhece a existência desses pensamentos e teorias, mas sua originalidade foi pretender dar um estatuto científico ao inconsciente. Nesse sentido, ele criou uma teoria sobre o Inconsciente, fazendo dessa instância psíquica o centro de sua teoria e de sua prática clínica.

O termo *inconsciente* é encontrado em Freud como adjetivo, mas também como substantivo pelo qual se designa um dos lugares do aparelho psíquico (primeira tópica psicanalítica). O Inconsciente funciona pelo processo psíquico primário e é regido pelo princípio do prazer. Com o advento da segunda tópica freudiana (*id*, *ego* e *superego*), o termo inconsciente volta a ser usado como adjetivo para essas novas nomeações das instâncias psíquicas, mesmo não sendo excluída a substantivação da teoria da primeira tópica. Na segunda tópica, a distinção entre Consciente e Inconsciente aprimorou-se e os conflitos psíquicos não são mais pensados como conflitos entre Consciente e Inconsciente, mas, sim, entre externo e interno, entre real e psíquico, e as instâncias, atores desse conflito, são o *ego* e o *superego* em suas relações com o *id* e o mundo externo.

Entre os pós-freudianos, é possível identificar rupturas e continuidades com a teoria do Inconsciente de Freud. As mais duras críticas, entretanto, vieram da parte dos filósofos. Algumas delas são fortes e verdadeiras; outras, fracas e artificiais. Seja como for, independentemente do conteúdo que se dê à palavra *inconsciente*, a experiência designada por esse nome parece uma verdade que está longe de ser abalada.

OUVINDO OS TEXTOS

Texto 1. Gottfried Wilhelm Leibniz (1646-1716), *Percepções minúsculas*

Há milhares de marcas que fazem julgar que há, a todo momento, uma infinidade de percepções em nós, mas sem apercepção [organização consciente de que se tem uma percepção] e sem reflexão, isto é, mudanças na alma mesma, das quais não nos apercebemos, porque as impressões são ou muito pequenas e em muito grande número ou muito unidas, de modo que não têm nada de bastante distintivo quando consideradas à parte, mas, unidas a outras, não deixam de produzir seu efeito e de serem sentidas ao menos confusamente no conjunto. É assim que o costume faz que não demos atenção ao movimento de um moinho ou a uma queda d'água quando moramos perto deles há muito tempo. Não é o caso de pensar que esse movimento não toque nossos órgãos sensoriais, e que não se passe nada na alma que lhes responda [...]. É que essas impressões que estão na alma e no corpo, quando destituídas da atração da novidade, não são fortes o bastante para atrair sobre si nossa atenção e nossa memória; estas estão ligadas a objetos mais impregnantes. Afinal, toda atenção demanda memória; frequentemente, quando não somos admoestados e advertidos a fixarmo-nos em algumas de nossas percepções presentes, nós as deixamos passar sem reflexão e mesmo sem ser notadas. Mas, se alguém nos adverte e nos faz notar, por exemplo, um barulho, nos lembramos dele e nos apercebemos de ter tido dele, antes, um sentimento correspondente. [...] Para julgar ainda melhor as pequenas percepções que não poderíamos distinguir na multidão das percepções, tenho o costume de servir-me do exemplo do rumor ou o barulho do mar, pelo qual somos tocados quando estamos na praia. Para ouvir esse barulho como se deve, é preciso que ouçamos as partes que compõem o todo, quer dizer, os barulhos de cada onda, embora cada um desses pequenos barulhos não se dê a conhecer senão no conjunto confuso de todos os outros juntos, ou seja, no rumor mesmo, e cada um não seria notado se cada onda, que o produz, estivesse sozinha. É preciso que sejamos afetados um pouco pelo movimento dessa onda e que tenhamos alguma percepção de cada um desses barulhos, por menores que sejam. Se não fosse assim, não teríamos a percepção de cem mil ondas, pois cem mil nadas não poderiam fazer nada. Nunca dormimos tão profundamente a ponto de não ter nenhum sentimento fraco e confuso. E não seríamos nunca acordados pelo maior barulho do mundo se não tivéssemos alguma percepção de seu começo, que é pequeno. Também não arrebentaríamos nunca uma corda, nem com o maior esforço do mundo, se ela não estivesse retesada e alongada por minúsculas forças, embora a pequena extensão que elas percorrem não seja visível.

> LEIBNIZ, G. W. *Nouveaux essais sur l'entendement humain.* Paris: Flammarion, 1966, p. 38.
> Trecho traduzido por Juvenal Savian Filho.

Texto 2. Henri Bergson (1859-1941), *Existência fora da consciência*

Insistamos nesse ponto, porque aqui está o centro das dificuldades e a fonte dos equívocos que circundam o problema do inconsciente. A ideia de uma *representação inconsciente* é clara, a despeito de um preconceito bastante difundido; podemos mesmo dizer que fazemos dela um uso constante e que não há concepção mais familiar ao senso comum. Todos admitem, com efeito, que as imagens atualmente presentes à nossa percepção não são o todo da matéria. Mas, por outro lado, o que pode ser um objeto material não percebido, uma imagem não imaginada, a não ser uma espécie de estado mental inconsciente? Para além das paredes de seu quarto, que você percebe neste momento, há quartos vizinhos, além do resto da casa, e, por fim, a rua e a cidade onde você mora. Pouco importa a teoria da matéria à qual você se liga: realista ou idealista, é evidente que, quando você fala da cidade, da rua, dos outros quartos da casa, você pensa em tantas percepções ausentes de sua consciência e, entretanto, dadas fora dela. Essas percepções não são criadas à medida que sua consciência as acolhe; elas, então, já existiam de certa maneira. Por hipótese, se sua consciência não as apreendia, como poderiam elas existir em si senão num estado inconsciente? Por que, então, uma *existência fora da consciência* parece clara quando se trata dos objetos, mas obscura quando falamos do sujeito?

BERGSON, H. *Matéria e memória*. 4ª ed. São Paulo: WMF Martins Fontes, 2010, pp. 166-7.

Texto 3. Theodor Lipps (1851-1914), *O conceito de inconsciente na Psicologia*

O conceito de inconsciente, conquistado até agora, não é suficiente para a Psicologia. Há não apenas um "ser psíquico inerte", mas também "representações inconscientes". O que são essas representações? De início, ofereço para isto a seguinte resposta geral: elas são a apropriada e plenamente justificada expressão para um fato positivo, o fato de que todo acontecer psíquico presente costuma ser mais ou menos condicionado pelas vivências conscientes passadas, sem que, contudo, essas antigas vivências conscientes precisem existir para minha consciência no momento presente. Eu poderia contentar-me plenamente com o que acabo de dizer. Mas quero precisar ainda mais minhas ideias. Eu ouço alguém enunciar uma proposição. A proposição pode referir-se a um fato importante ou a uma pergunta científica, estética, ética, social ou política. Enquanto ouço a proposição ser enunciada, de imediato, relaciono-me com ela internamente de certo modo. Eu concordo com ela ou a rejeito; as duas coisas mais apaixonadamente ou menos apaixonadamente. Suponhamos que eu a rejeite. Se eu me perguntar, em seguida, o que condicionou essa rejeição ou denegação, juntamente com seu caráter afetivo ou de disposição, encontro o seguinte: o condicionante não foi um pensamento isolado, que teria ocupado minha consciência no momento da rejeição, mas um número indeterminado de experiências e vivências, de influências instrutivas e educativas; em resumo, mil variedades de representações que no decorrer de minha vida se tornaram minhas. Em vez disso, posso também dizer: o condicionante foi uma convicção geral, uma direção de pensamento, uma atitude moral ou, de maneira ainda mais geral: uma determinada disposição psíquica. Mas essa disposição, bem como a direção de pensamento, a atitude moral etc., é apenas um conceito ou, melhor, uma palavra. O único conceito que pode ser apontado na experiência são aquelas representações ou as vivências conscientes passadas. Se eu quiser realmente tornar o fato presente compreensível para mim, a partir de fatos, devo, portanto, remontar às representações passadas. Essas representações não estavam lá, para minha consciência, no momento da denegação. Representações passadas agem, portanto, em mim, agora, sem estar presentes para mim, agora, como representações conscientes ou atuais. Isso pressupõe, antes de tudo, uma concepção, que qualquer um admite. O que vivenciei conscientemente – essa é a suposição que fazemos – não está aí presente de todas as maneiras, depois que estiver desaparecido de minha consciência. Não é como se nunca tivesse existido. Pelo contrário, dessas vivências conscientes desaparecidas resta em mim algo de desconhecido na sua essência. É a existência desse algo desconhecido que possibilita o fato de a vivência consciente passada poder retornar como vivência consciente, ou, se preferirmos, como um análogo, para minha consciência, da mesma vivência passada. Esse algo ou esse "traço mnemônico" inclui em si a possibilidade de uma representação atual da mesma espécie. O "traço mnemônico" é uma potência de representação ou uma representação potencial. Poder-se-ia também nomeá-la como uma representação latente, por analogia ao calor latente, que também não é calor efetivo.

> LIPPS, T. "O conceito de inconsciente na Psicologia".
> Trad. Zeljko Loparic. *Natureza Humana* 3(2),
> jul.-dez. 2001, pp. 346-7.

Texto 4. Sigmund Freud (1856-1939), *Os afetos nos sonhos*

Uma observação aguda de Salomon Stricker (1834--1898) despertou nossa atenção para o fato de que a expressão do afeto nos sonhos não pode ser tratada da mesma forma depreciativa com que, depois de acordar, estamos acostumados a descartar seu conteúdo. "Se temo ladrões num sonho, os ladrões, é certo, são imaginários – mas o temor é real." E isso se aplica igualmente quando me sinto alegre num sonho. Nosso sentimento nos diz que um afeto experimentado num sonho não é de modo algum inferior a outro de igual intensidade sentido na vida de vigília; e os sonhos insistem com maior energia em seu direito de serem incluídos entre nossas experiências anímicas reais no tocante a sua parte afetiva do que em relação a seu conteúdo de representações. Em nosso estado de vigília, contudo, não podemos de fato incluí-los dessa maneira, pois não podemos fazer nenhuma avaliação psíquica de um afeto a menos que ele esteja vinculado a algum material de representações. Quando o afeto e a ideia são incompatíveis em seu caráter e intensidade, nosso juízo de vigília fica desorientado. Tem sido sempre motivo de surpresa que, nos sonhos, o conteúdo de representações não se faça acompanhar pelas consequências afetivas que consideraríamos inevitáveis no pensamento de vigília. Adolph Strümpell (1853-1925) declarou que, nos sonhos, as representações ficam despidas de seus valores psíquicos. Mas não faltam, nos sonhos, exemplos de natureza contrária, onde uma intensa expressão de afeto aparece ligada a um tema que não parece dar margem a qualquer expressão dessa ordem. Num sonho, posso estar numa situação horrível, perigosa e repulsiva sem sentir nenhum medo ou repulsa, ao passo que noutra ocasião, pelo contrário, posso ficar apavorado ante algo inofensivo e encantado com alguma coisa pueril. Esse enigma específico da vida onírica desaparece, talvez mais repentina e completamente do que qualquer outro, tão logo passamos do conteúdo manifesto para o conteúdo latente do sonho. Já não precisamos nos incomodar com o enigma, visto que ele não mais existe. A análise nos mostra que o material de representações passou por deslocamentos e substituições, ao passo que os afetos permaneceram inalterados. Não é de admirar que o material de representações que foi modificado pela distorção onírica já não seja compatível com o afeto, que é retido sem modificação;

tampouco resta qualquer coisa que cause surpresa depois que a análise recoloca o material certo em sua posição anterior. No caso de um complexo psíquico que tenha ficado sob a influência da censura imposta pela resistência, os afetos são o componente menos influenciado e o único que nos pode dar um indício de como preencher os pensamentos que faltam. Isso é observado ainda mais claramente nas psiconeuroses do que nos sonhos. Seus afetos são sempre apropriados, ao menos em sua qualidade, embora devamos descontar um aumento de sua intensidade devido a deslocamentos da atenção neurótica. Quando um histérico fica surpreso por ter-se assustado com algo banal ou quando um homem que sofre de obsessões fica surpreso ante as autorrecriminações tão aflitivas que decorrem de um nada, ambos se equivocam, pois consideram o conteúdo de representações – a banalidade ou o nada – como sendo o essencial; e travam uma luta inglória, por tomarem esse conteúdo de representações como o ponto de partida de sua atividade de pensamento. A Psicanálise pode colocá-los na trilha certa ao reconhecer o afeto como sendo, pelo contrário, justificado, e ao procurar a representação que corresponde a ele, mas que foi recalcada e trocada por um substituto. Uma premissa necessária a tudo isso é que a descarga de afeto e o conteúdo de representações não constituem uma unidade orgânica indissolúvel como a que estamos habituados a atribuir-lhes, mas que essas duas entidades separadas podem estar meramente soldadas e, desse modo, podem ser desligadas uma da outra pela análise. A interpretação dos sonhos mostra que é esse efetivamente o caso.

FREUD, S. *A interpretação dos sonhos*. Trad. dirigida por Jayme Salomão. Rio de Janeiro: Imago, 1996, pp. 493-4.

Texto 5. Sigmund Freud (1856-1939), *O conceito de inconsciente na Psicanálise*

Passando agora para um relato das descobertas positivas da Psicanálise, podemos dizer que, em geral, um ato psíquico passa por duas fases quanto a seu estado, entre as quais se interpõe uma espécie de teste (censura). Na primeira fase, o ato psíquico é inconsciente e pertence ao sistema Ics; se, no teste, for rejeitado pela censura, não terá permissão para passar à segunda fase; diz-se então que foi "recalcado", devendo permanecer inconsciente. Se, porém, passar por esse teste, entrará na segunda fase e, subsequentemente, pertencerá ao segundo sistema, que chamaremos de sistema Cs. Mas o fato de pertencer a esse sistema ainda não determina de modo inequívoco sua relação com a consciência. Ainda não é consciente, embora, certamente, seja capaz de se tornar consciente (para usar a expressão de Breuer) – isto é, pode agora, sob certas condições, tornar-se um objeto da consciência sem qualquer resistência especial. Em vista dessa capacidade de se tornar consciente, também denominamos o sistema Cs de "pré-consciente". Se ocorrer que uma certa censura também desempenhe um papel em determinar se o pré-consciente se torna consciente, procederemos a uma discriminação mais acentuada entre os sistemas Pcs e Cs. Por ora contentemo-nos em ter em mente que o sistema Pcs participa das características do sistema Cs, e que a censura rigorosa exerce sua função no ponto de transição do Ics para o Pcs (ou Cs). Aceitando a existência desses dois (ou três) sistemas psíquicos, a Psicanálise desviou-se mais um passo da "psicologia da consciência" descritiva e levantou novos problemas, adquirindo um novo conteúdo. Até o momento, tem diferido daquela psicologia devido principalmente a seu conceito dinâmico dos processos mentais; agora, além disso, parece levar em conta também a topografia psíquica, e indicar, em relação a determinado ato mental, dentro de que sistema ou entre que sistemas ela se verifica. Ainda por causa dessa tentativa, recebeu a designação de "psicologia profunda".

> FREUD, S. *A história do movimento psicanalítico, artigos sobre a metapsicologia e outros trabalhos.* Trad. dirigida por Jayme Salomão. Rio de Janeiro: Imago, 1974, pp. 177-8.

Texto 6. Sigmund Freud (1856-1939), *O recalque*

Sob a influência do estudo das psiconeuroses, que coloca diante de nós os importantes efeitos do recalque [*Verdrängung*], inclinamo-nos a supervalorizar sua dimensão psicológica e a esquecer, demasiado depressa, o fato de que o recalque não impede que o representante pulsional continue a existir no inconsciente, se organize ainda mais, dê origem a derivados e estabeleça ligações. Na verdade, o recalque só interfere na relação do representante pulsional com um único sistema psíquico, a saber, o do Consciente. A Psicanálise também é capaz de nos revelar outras coisas importantes para a compreensão dos efeitos do recalque nas psiconeuroses. Mostra-nos, por exemplo, que o representante pulsional se desenvolverá com menos interferência e mais profusamente se for retirado da influência consciente pela expressão. Ele prolifera no escuro, por assim dizer, e assume formas extremas de expressão, que uma vez traduzidas e apresentadas ao neurótico irão não só lhe parecer estranhas, mas também assustá-lo, mostrando-lhe o quadro de uma extraordinária e perigosa força da pulsão. Essa força falaz da pulsão resulta de um desenvolvimento desinibido da fantasia e do represamento ocasionado pela satisfação frustrada. O fato de esse último resultado estar vinculado ao recalque indica a direção em que a verdadeira importância do recalque deve ser procurada. Voltando, porém, mais uma vez ao aspecto oposto do recalque, deixemos claro que tampouco é correto supor que o recalque retira do consciente todos os derivados daquilo que foi primevamente recalcado. Se esses derivados se tornarem suficientemente afastados do representante recalcado – quer devido à adoção de distorções, quer por causa do grande número de elos intermediários inseridos –, eles terão livre acesso ao consciente. Tudo se passa como se a resistência do consciente contra eles constituísse uma função da distância existente entre eles e aquilo que foi originalmente recalcado. Ao executarmos a técnica da Psicanálise, continuamos exigindo que o paciente produza, de tal forma, derivados do recalcado, que, em consequência de sua distância no tempo, ou de sua distorção, possam passar pela censura do consciente. Na realidade, as associações que exigimos que o paciente faça sem sofrer a influência de qualquer ideia intencional consciente ou de qualquer crítica, e a partir das quais reconstituímos uma tradução consciente do representante recalcado, nada mais são do que derivados remotos e distorcidos desse tipo. No correr desse processo, observamos que o paciente pode continuar a desfiar sua meada de associações, até ser levado de encontro a um pensamento cuja relação com o recalcado fique tão óbvia, que o force a repetir sua tentativa de recalque. Também os sintomas neuróticos devem satisfazer a essa mesma condição, já que são derivados do recalcado, o qual, por intermédio deles, finalmente teve acesso à consciência, acesso este que anteriormente lhe era negado. Não podemos formular uma regra geral sobre o grau de distorção e de distância no tempo necessário para a eliminação da resistência por parte do consciente. Ocorre aqui um delicado equilíbrio, cujo jogo não nos é revelado; no entanto, sua modalidade de atuação nos permite inferir que se trata de pôr um paradeiro ao investimento do inconsciente quando este alcança certa intensidade – intensidade além da qual o inconsciente venceria as resistências, chegando à satisfação. O recalque atua, portanto, de uma forma altamente individual. Cada derivado isolado do recalcado pode ter sua própria vicissitude especial; um pouco mais ou um pouco menos de distorção altera totalmente o resultado. Nesse sentido, podemos compreender a razão por que os objetos mais preferidos pelos homens, isto é, seus ideais, procedem das mesmas percepções e experiências que os objetos mais abominados por eles, e porque, originalmente, eles só se distinguiam uns dos outros através de ligeiras modificações.

FREUD, S. *A história do movimento psicanalítico, artigos sobre a metapsicologia e outros trabalhos.* Trad. dirigida por Jayme Salomão. Rio de Janeiro: Imago, 1974, pp. 153-5. Trad. adapt. por Luciana Chaui (todas as ocorrências do termo *repressão* foram substituídas por *recalque*, que traduz o termo alemão *Verdrängung*).

Texto 7. Sigmund Freud (1856-1939), *A hipótese do insconsciente e o debate científico*

Contestam-nos de todos os lados o direito de admitir um inconsciente psíquico e de trabalhar cientificamente com essa hipótese. Podemos responder a isso dizendo que a hipótese do inconsciente é necessária e legítima, e que nós possuímos múltiplas provas da existência do inconsciente. Ela é necessária porque os dados da consciência são extremamente lacunares; tanto no homem são como no doente, produzem-se frequentemente atos psíquicos que, para ser explicados, pressupõem outros atos que, eles, não beneficiam do testemunho da consciência. Esses atos não são somente os atos falhos e os sonhos no homem saudável, nem somente o que se chama de sintoma psíquico e de fenômenos compulsivos no homem doente. [...] Todos esses atos conscientes permanecem incoerentes e incompreensíveis se nos obstinamos a pretender que é necessário bem perceber pela consciência tudo o que se passa em nós em termos de atos psíquicos; mas eles se ordenam em um conjunto cuja coerência podemos demonstrar se interpolamos os atos inconscientes inferidos. Ora, encontramos nesse ganho de sentido e de coerência uma razão, plenamente justificada, para ir além da experiência imediata. E, se se ratifica que nós podemos fundamentar sobre a hipótese do inconsciente uma prática coroada de sucesso, pela qual influenciamos, conforme a um objetivo dado, o curso dos processos conscientes, então teremos conquistado, com esse sucesso, uma prova incontestável da existência disso cuja hipótese levantamos. Devemos, portanto, assumir que é somente pagando o preço de uma pretensão insustentável que se pode exigir que tudo o que se produz no domínio psíquico deve também ser conhecido pela consciência.

FREUD, S. "L'inconscient". In: *Métapsychologie*. Trad. J. Laplanche e J.-B. Pontalis. Paris: Gallimard, 1968, p. 66. Trecho traduzido por Juvenal Savian Filho.

Texto 8. Sigmund Freud (1856-1939), *O inconsciente e a responsabilidade ética*

É verdade que a Psiquiatria [...] nega que espíritos malignos estranhos tenham penetrado na vida psíquica; mas ela se contenta com dar de ombros e dizer: degenerescência, disposição hereditária, inferioridade constitutiva! A Psicanálise, ao contrário, empenha-se por elucidar esses casos estranhos de doença; ela se lança em investigações minuciosas e de fôlego, elabora conceitos auxiliares e construções científicas, podendo finalmente dizer ao eu: "Nada de estranho entrou em você! É uma parte de sua própria vida psíquica que se furtou ao seu conhecimento e ao domínio de sua vontade. É por isso, aliás, que você está tão fraco para se defender; com uma parte de suas forças você combate contra outra parte de suas próprias forças; você não pode mobilizar todas as suas forças como contra um inimigo externo. Sequer é a pior parte ou a mais insignificante de suas forças psíquicas que se opôs a você e se tornou independente de você. A responsabilidade por elas, devo dizer-lhe, cabe a você inteiramente. Você superestimou suas forças quando acreditou que podia fazer de suas pulsões sexuais o que você queria, bem como quando pensou que você não precisava fazer o menor caso das intenções delas. Então, elas se revoltaram e seguiram seus próprios caminhos obscuros [...]. Aceite, então, deixar-se instruir sobre esse ponto! O psíquico em você não coincide com aquilo de que você tem consciência. São duas coisas diferentes o fato de ocorrer alguma coisa em sua alma e o fato de você ser informado disso que ocorre. [...] Você se comporta como um soberano absoluto, que se contenta das informações trazidas pelos altos funcionários da corte e não desce à rua para escutar a voz do povo. Entre em si mesmo, em suas profundezas, e aprenda a conhecer-se. Você compreenderá então por que deve ficar doente e talvez conseguirá evitar de ficá-lo."

FREUD, S. "Une difficulté de la Psychanalyse". In: *L'inquiétante étrangeté et autres essais*. Trad. F. Cambon. Paris: Gallimard, 1985, pp. 184-6. Trecho traduzido por Juvenal Savian Filho.

EXERCITANDO A REFLEXÃO

1. Alguns exercícios para você compreender melhor o tema:

1.1. Exponha brevemente o que os autores indicados no Capítulo 1 disseram sobre a experiência que depois Freud chamaria de inconsciente.

1.2. Qual o sentido básico dado por Freud à Psicanálise?

1.3. Como a teoria das duas consciências permitiu a Freud compreender as doenças psíquicas no início de sua carreira médica?

1.4. Qual fato levou Freud a abandonar a teoria das duas consciências? Explique.

1.5. Com que mudança teórica Freud conseguiu falar de sexualidade na infância?

1.6. Apresente brevemente a teoria freudiana das pulsões, marcando o desenvolvimento dessa teoria ao longo da vida de Freud.

1.7. Como distinguir instinto de pulsão?

1.8. Mostre como o ensaio *O inconsciente*, de 1915, complementa o Capítulo VII de *A interpretação dos sonhos*, de Freud.

1.9. Qual a novidade da segunda tópica freudiana ao falar de *id*, *ego* e *superego*?

1.10. Apresente uma crítica de caráter psicanalítico e uma crítica de ordem filosófica ao conceito freudiano de inconsciente.

2. Praticando-se na análise de textos:

2.1. Na estrutura do texto 1, explique o sentido da afirmação final: "Também não arrebentaríamos nunca uma corda, nem com o maior esforço do mundo, se ela não estivesse retesada e alongada por minúsculas forças, embora a pequena extensão que elas percorrem não seja visível."

2.2. No texto 2, para que serve, teoricamente falando, a insistência na análise do modo como alguém fala de sua casa, de sua rua e de sua cidade?

2.3. Exponha o modo como o texto 3 apresenta a compreensão de uma proposição.

2.4. Qual o objetivo, no texto 4, da insistência dos afetos no sonho?

2.5. Por que, segundo o texto 5, a Psicanálise também pode ser chamada de Psicologia Profunda?

2.6. De acordo com o texto 6 é possível dizer que a técnica da Psicanálise tem alguma semelhança com a dinâmica do recalque? Em que ela se distingue?

2.7. Qual a tese central do texto 7 para justificar a viabilidade do inconsciente como hipótese científica?

2.8. De acordo com o texto 8, por que somos responsáveis eticamente, embora não sejamos conscientes de tudo o que se passa em nós?

3. Questões livres para reflexão e debate:

3.1. Se sempre sofre quem faz um trabalho de autoconhecimento, será de fato importante conhecer-se a si mesmo?

3.2. É mais fácil conhecer os outros do que a si mesmo?

3.3. Toda tomada de consciência é libertadora?

3.4. Tomar consciência de si é tornar-se estranho a si mesmo?

3.5. Podemos dizer que o inconsciente age em nosso lugar?

3.6. Somos seres inteiramente condicionados por nossa história pessoal, familiar, social, econômica e cultural? Não podemos decidir sobre nada?

DICAS DE VIAGEM

Para você continuar sua viagem pelo tema do inconsciente, sugerimos:

1. Assista aos seguintes filmes, considerando as reflexões que fizemos neste livro:
   - **1.1.** *Freud além da alma* (*Freud, the Secret Passion*), direção de John Huston, EUA, 1962.
   - **1.2.** *Sonhos* (*Yume*), direção de Akira Kurosawa, Japão/EUA, 1990.
   - **1.3.** *Brilho eterno de uma mente sem lembranças* (*Eternal Sunshine of the Spotless Mind*), direção de Michel Gondry, EUA, 2004.
   - **1.4.** *Amnésia* (*Memento*), direção de Christopher Nolan, EUA, 2000.
   - **1.5.** *A origem* (*Inception*), direção de Christopher Nolan, EUA, 2010.

1.6. *Johnny vai à guerra* (*Johnny Got his Gun*), direção de Dalton Trumbo, EUA, 1971.

1.7. *Persona*, direção de Ingmar Bergman, Suécia, 1966.

1.8. *Morangos silvestres* (*Smultronstället*), direção de Ingmar Bergman, Suécia, 1957.

1.9. *Noivo neurótico, noiva nervosa* (*Annie Hall*), direção de Woody Allen, EUA, 1977.

1.10. *O retorno* (*Vozvrashcheniye*), direção de Andrei Zviaguinstev, Rússia, 2002.

1.11. *Marnie, confissões de uma ladra* (*Marnie*), direção de Alfred Hitchcock, EUA, 1964.

2. O inconsciente nas artes plásticas:

Muitos artistas, sobretudo pintores, buscaram exprimir por sua obra a experiência do Inconsciente. Em outros casos, mesmo que os artistas não tenham tido esse objetivo, é possível no entanto contemplar suas obras dessa perspectiva. Visite na internet o *site* indicado abaixo e conheça a obra *Autoportrait robot* (Autorretrato robô), de Arman Fernandez (1928-2005): http://www.art.collegefaubert.fr/picture.php?/250/category/9

Arman Fernandez produziu essa obra juntando objetos pessoais numa caixa de acrílico. Um grupo de artistas havia encomendado a ele que fizesse seu autorretrato, para uma exposição coletiva. Ele deu o nome de *Autorretrato robô*. O termo robô, conta-se, foi por ele escolhido porque ele se serviu de elementos que as pessoas costumam usar para descrever os outros (livros, roupas, remédios etc.). Quanto a ser um autorretrato, cabe a você, leitor, tirar suas conclusões, sobretudo baseado na reflexão que fizemos neste livro a respeito do inconsciente. Para inspirá-lo, veja o que disse o artista Arman Fernandez quando lhe pediram seu autorretrato: "não era eu que devia fazer meu retrato; ele deveria ser feito por qualquer outra pessoa". Aproveite o ensejo desta atividade e reflita: A consciência não nos engana sobre nós mesmos? Mas é possível falar de engano se não temos consciência? É a consciência que engana ou nós é que temos ritmos diferentes para tomar consciência das coisas? É possível fazer um autorretrato fiel?

Procure também na internet versões do quadro de Salvador Dalí intitulado *Sueño causado por el vuelo de una abeja alrededor de una granada un segundo antes del despertar* (Sonho causado pelo voo de uma abelha ao redor de uma romã um segundo antes do despertar) e, além de contemplar sua beleza, reflita sobre ele com base no que aprendeu neste livro a respeito do Inconsciente freudiano. Veja por exemplo o *site*: http://www.museothyssen.org/thyssen/ficha_obra/352

LEITURAS RECOMENDADAS

1. Obras que estão na base da reflexão deste livro:

FREUD, S. *A interpretação dos sonhos*. Trad. dirigida por Jayme Salomão. Rio de Janeiro: Imago,1976 (*Obras completas*, vols. IV e V).
———. *O inconsciente*. Trad. dirigida por Jayme Salomão. Rio de Janeiro: Imago, 1976 (*Obras completas*, vol. XIV).
———. *Repressão*. Trad. dirigida por Jayme Salomão. Rio de Janeiro, Imago, 1976 (*Obras completas*, vol. XIV).
———. *Os instintos e suas vicissitudes*. Trad. dirigida por Jayme Salomão. Rio de Janeiro, Imago, 1976 (*Obras completas*, vol. XIV).
———. *O ego e o id*. Trad. dirigida por Jayme Salomão. Rio de Janeiro, Imago, 1976 (*Obras completas*, vol. XIX).
———. *Além do princípio de prazer*. Trad. dirigida por Jayme Salomão. Rio de Janeiro, Imago, 1976 (*Obras completas*, vol. XVIII).

GAY, P. *Uma vida para o nosso tempo*. São Paulo: Companhia das Letras, 1989.

LAPLANCHE, J. & PONTALIS, J.-B. *Vocabulário da psicanálise*. 5ª ed. Lisboa: Moraes, 1970.

ROUDINESCO, E. *Dicionário de psicanálise*. Rio de Janeiro: Zahar, 1998.

2. Também sugerimos:

ABRAHAM, K. *Teoria psicanalítica da libido*. Trad. Christiano M. Oiticica. Rio de Janeiro: Imago,1970.

Apresentação sistemática da teoria freudiana da libido.

BEAUREGARD, M. & O'LEARY, D. *O cérebro espiritual*. Trad. Alda Porto. Rio de Janeiro: Best Seller, 2010.

O neurocientista canadense Mario Beauregard adota a mesma abordagem experimental e mecanicista da vida psíquica para entender como o cérebro processa vivências religiosas e espirituais. Suas conclusões vão na contramão da maioria dos neurocientistas, que limitam a experiência religiosa a um artefato cerebral, patologia ou peculiaridade evolucionista. É uma leitura instigante para pôr em debate a tendência hegemônica que associa vida psíquica a vida cerebral.

CHURCHLAND, P. M. *Matéria e consciência. Uma introdução contemporânea à filosofia da mente.* São Paulo: Unesp, 2004.
Compêndio de introdução à filosofia da mente em vertente cognitiva, extraindo os impactos dessa abordagem em temas ontológicos, epistemológicos e éticos.

FOUCAULT, M. *O nascimento da clínica.* Trad. Roberto Machado. São Paulo: Forense, 2001.
Investigando a formação das racionalidades contemporâneas, Michel Foucault, nessa obra, debruça-se sobre o nascimento da ideia de clínica e sobre a prática clínica. Obra de grande riqueza filosófica.

HORGAN, J. *A mente desconhecida: por que a ciência não consegue replicar, medicar e explicar o cérebro humano.* Trad. Laura Teixeira Motta. São Paulo: Companhia das Letras, 2002.
O autor é um respeitado jornalista científico dos Estados Unidos e analisa as principais linhas de pesquisa da ciência da mente (Neurociência, Genética comportamental, Psicanálise, Psicologia evolucionista, Engenharia da inteligência etc.), tirando a conclusão desconcertante de que estamos longe de decifrar o enigma da mente humana.

JONAS, H. *Matéria, espírito e criação: dados cosmológicos.* Trad. Wendell Evangelista Soares Lopes. Petrópolis: Vozes, 2010.

O pensador Hans Jonas procura resgatar a "dignidade" da Filosofia por meio do restabelecimento de sua vocação a pesquisar o ser da Natureza e a natureza do ser.

MERLEAU-PONTY, M. *Fenomenologia da percepção.* Trad. Carlos Alberto R. de Moura. São Paulo: Martins Fontes, 1994.

Numa outra direção da filosofia contemporânea, a obra capital do fenomenólogo tem notáveis páginas sobre a consciência e o tempo.

NOVAES, A. (org.). *O desejo.* São Paulo: Companhia das Letras/Rio de Janeiro: Funarte, 1990.

Reunião de ensaios, de diversos autores, dedicados ao desejo. As perspectivas e as abordagens são bastante diversas e contribuem para um panorama amplo do tema.

PINKER, S. *Como a mente funciona.* Trad. Laura Teixeira Motta. São Paulo: Companhia das Letras, 2002.

O autor é considerado um dos mais importantes cientistas cognitivos da atualidade. Nesta obra, em estilo mais acessível, procura explicar a mente humana a partir da teoria da evolução das espécies, de Darwin, e da moder-

na ciência cognitiva, concebendo a vida psíquica como um conjunto de mecanismos. É uma visão oposta à concepção freudiana, que se esforçava por mostrar que a vida psíquica não se reduz à vida cerebral.

REVISTA CULT, nº 181, *A língua de Freud e a nossa*. São Paulo: Bregantini, 2013.

Número da Revista CULT contendo um dossiê dedicado ao vocabulário de Freud e aos desafios de sua tradução em português. O dossiê foi organizado por alguns dos melhores conhecedores brasileiros da escrita freudiana.

SACKS, O. *Um antropólogo em Marte*. Trad. Bernardo Carvalho. São Paulo: Companhia das Letras.

Livro muito instigante em que o autor, neurologista, recolhe uma série de relatos sobre pessoas que sofreram acidentes que atingiram o cérebro ou possuem "más formações" e, no entanto, seu organismo readaptou-se às condições, produzindo uma vida mental inteiramente saudável. Há, por exemplo, o relato de um pintor que, depois de um acidente de automóvel, passou a ver o mundo em escalas de cinza, sem, por isso, deixar a pintura. Há também o relato do próprio autor, que sofre da síndrome de La Tourette e, no entanto, tornou-se um dos melhores neurocirurgiões dos Estados Unidos, além de ser piloto de avião nas horas livres.

WINNICOTT, D. W. *Natureza humana*. Trad. Davi Litman Bogomoletz. Rio de Janeiro: Imago, 1990.
Abordagem psicanalítica do desenvolvimento emocional do ser humano, mantendo-se em continuidade com Freud e, ao mesmo tempo, indo além dele.